La Creación de la Confianza en Sí Mismo

Superar las dudas y preocupaciones propias al mejorar la autoestima, el amor propio, la compasión y la conciencia consciente. Libera tu potencial oculto y rompe tus limitaciones

Por

Jimmie Powell

Introducción **6**

Capitulo 1: La diferencia entre la autoestima y la confianza en sí mismo y por qué es importante **8**

    Capítulo 1.1: La confusión entre la autoestima y la confianza en sí mismo. 8

    Capítulo 1.2: Los bloques de construcción de la confianza en sí mismo y el papel que desempeñan. 20

    Capítulo 1.3: El poder de la confianza. 32

Capitulo 2: La Fundación es la estima, pero el templo construido en la parte superior, es la confianza **44**

    Capítulo 2.1: ¿Qué valen realmente? 44

    Capítulo 2.2: La belleza y la paz del amor incondicional. 55

    Capítulo 2.3: El amor en acción. 68

Capitulo 3: El éxito es la recompensa para la confianza en sí mismo. **86**

Capítulo 3.1: El poder de la visualización. ... 86

Capítulo 3.2: Percepción si a la realidad como proyección es a la visión............................... 94

Capítulo 3.3: Prácticas diarias para el éxito a largo plazo.................................... 104

Capítulo 3.4: Consejos para alcanzar su éxito. 115

Conclusión **127**

© Copyright 2018 por _Jimmie Powell- Todos los derechos reservados.

El siguiente libro electrónico se reproduce a continuación; con el objetivo de proporcionar información lo más precisa y confiable posible. En cualquier caso; la compra de este libro electrónico puede considerarse como un consentimiento al hecho de que tanto el editor como el autor de este libro no son expertos en los temas tratados y que las recomendaciones o sugerencias que se hacen aquí; son solo para fines de entretenimiento. Se debe consultar a los profesionales según sea necesario antes de emprender cualquiera de las acciones aprobadas en este documento.

Esta declaración se considera justa y válida tanto por la Asociación de Abogados de EE. UU. Como por el Comité de la Asociación de Editores y es legalmente vinculante en todo Estados Unidos.

Además; la transmisión, duplicación o reproducción de cualquiera de los siguientes trabajos, incluida información específica, se considerará un acto ilegal, independientemente de si se realiza de forma electrónica o impresa. Esto se extiende a la creación de una copia secundaria o terciaria del trabajo o una copia grabada y solo se permite con el consentimiento expreso por escrito del Editor. Todos los derechos adicionales reservados.

La información en las páginas siguientes se considera en general como una cuenta veraz y precisa de los hechos y; como tal, cualquier falta de atención, uso o mal uso de la información en cuestión por parte del lector rendirá cualquier acción resultante únicamente bajo su alcance. No hay escenarios en los que el editor o el autor original de este trabajo pueda ser considerado responsable de las dificultades o daños, que puedan surgir después de comprometerse con la información aquí descrita.

Además; la información en las páginas siguientes está destinada solo para fines informativos y; por lo tanto, debe considerarse universal. Como corresponde a su naturaleza, se presenta sin garantía de su validez prolongada o calidad provisional. Las marcas comerciales que se mencionan se realizan sin consentimiento por escrito y de ninguna manera pueden considerarse un respaldo del titular de la marca.

Introducción

Creador: Superar las dudas y preocupaciones relacionadas con la autoestima , la compasión y la conciencia consciente. Libere su potencial oculto y avance sus limitaciones de confianza (para niños, mujeres y hombres); y gracias por hacerlo.

Estás aquí porque estás listo para crear una percepción más saludable de tí mismo. Felicitaciones por descargar el Libro de trabajo de confianza en sí mismo; por diversos motivos y en diversas circunstancias, pero independientemente de lo que lo haya llevado a este libro, estás listo para crecer. Las siguientes secciones y capítulos son su guía para superar la negatividad y ser más conscientes de sí mismo. Aprenderás consejos y técnicas que puede emplear para mejorar su confianza en sí mismo, su autoestima, su amor propio y su autoimagen.

Parte de la razón para buscar mejorar; es ser y tener más éxito. No es suficiente experimentar el éxito en tu vida; sino también, sentirse exitoso. Tienes metas y quieres alcanzarlas; pero por alguna razón, parece que no puedes lograrlas. Tal vez reconozca que hay oportunidades de las que no se estás aprovechando, de las que no puedes hablar o que parece que no puedes llegar a una conclusión. ¡Tal vez no tienes idea de por qué no estás llegando! El curso de este libro es para iluminar algunas de las razones por las que te has perdido la oportunidad de sentirte exitoso, y te brinda las herramientas para "voltear el guión" y comenzar a incorporarlo a tu vida.

Hay muchos libros sobre este tema en el mercado; así que gracias de nuevo por elegir este. Se hicieron todos los esfuerzos para garantizar que esté lleno de la mayor cantidad de información útil posible. ¡Por favor, disfrutalo!.

Capitulo 1: La diferencia entre la autoestima y la confianza en sí mismo y por qué es importante

Capítulo 1.1: La confusión entre la autoestima y la confianza en sí mismo.

La gente a menudo confunde los dos términos: autoestima y confianza en sí mismo. Los términos están estrechamente relacionados; sin embargo, hay una clara diferencia. El peligro de intercambiarlos significa que corre el riesgo de no comprender y mejorar todo su ser. Algunos pueden argumentar que no se puede mejorar o abordar uno de estos conceptos sin el otro; pero en realidad, la mayoría de las personas enfocan toda su atención en mejorar un área de sí mismos; sin pensar o apoyar a la otra. El resultado de este enfoque a menudo conduce a un crecimiento incompleto y medio progreso. Por eso es tan importante conocer la diferencia entre la autoestima y la confianza en sí mismo.

Autoestima.

¿Te quieres a tí mismo? ¿Te gustas a tí mismo? ¿Tienes una visión positiva de tí mismo? Si respondió afirmativamente a una de estas preguntas, probablemente tenga una buena autoestima. La autoestima es tu visión de todo tu ser. La autoestima no es algo que cambia frecuentemente; o, a lo largo del día. Es algo que se construye y se adapta con el tiempo. Las normas sociales y las creencias personales son factores importantes en su nivel de autoestima. Estos le dan forma a cómo ve su "paquete" completo; desde su apariencia, sus habilidades, su personalidad y más. Puede que no siempre haya algo con lo que esté perfectamente contento; pero cuando se lo considera como un todo, le gusta quién es. Esta es tu autoestima hablando. Otras personas pueden no tener un alto sentido de autoestima. Esto significa que generalmente no tienes una visión positiva de tí mismo. Puedes tener algunas cosas que te gustan; pero en general, sientes que te falta un "paquete completo y bueno" para el mundo.

Los eventos actuales no son lo único que forma tu autoestima. La experiencia pasada; hace una diferencia también. Las cosas de tu pasado pueden alterar cuán positivamente te ves tú mismo. Si fuistes acosado en la escuela o tuvistes lugar a un evento traumático en tu infancia que te hizo sentir mal contigo mismo; es posible que también sufras de baja autoestima en el futuro. Por otro lado; es posible que hayas tenido una educación positiva con amigos y familiares alentadores y alentadores. Esta situación puede ayudar a fortalecer tu autoestima. Todas estas situaciones y escenarios diferentes; se combinan de diferentes maneras para crear tu autoestima.

Aparece una persona con buena autoestima:

- Contentos con su apariencia.
- Sentirse "bien en su piel".
- Valorarse a sí mismos y a los demás.
- Fomentar y disfrutar del crecimiento.
- Utilizar la creatividad como expresión natural de su profunda reflexión interna.
- Para ser tomadores de decisiones.
- Ser realistas sobre la vida y sus propias limitaciones.
- Cariñoso y respetuoso con los demas.
- Sin miedo de decirle a los demás cómo se sienten o qué piensan.
- Para hacer una diferencia positiva en la vida de otras personas; y es importante para ellos.

La confusión está en separar tus habilidades y habilidades de todo tu ser. No eres solo lo que puedes hacer; Tienes mucho más que ofrecer, que solo un cierto conjunto de habilidades o talentos. Tienes una apariencia única, una personalidad, pasatiempos, otros intereses, etc. Todos ellos conforman tu autoestima. Tu confianza en tí mismo reside en tu visión de sólo tus habilidades. Esta es una pequeña sección de quién eres; pero una pieza valiosa que conforma tu rompecabezas.

Auto confianza.

¿Tienes la capacidad de hacer tu trabajo? ¿Eres lo suficientemente inteligente como para pasar una próxima prueba? ¿Tus habilidades están lo suficientemente desarrolladas para formar parte del equipo y obtener el punto de victoria? Si crees que tienes lo que se necesita para tener éxito, entonces tienes un buen nivel de confianza en tí mismo. La confianza en uno mismo es cómo ves tu capacidad para lograr algo. Se trata de tus habilidades, talentos y habilidades. Cuanto más perfecciones y refinas tus habilidades, la confianza en tí mismo aumentará.

Dado que estás en constante cambio; la confianza en tí mismo puede cambiar de un momento a otro. Por ejemplo: Puedes tener una mayor confianza de tí mismo en un entorno académico; pero no en uno social. O sientes que puedes hacer bien el trabajo y tener mayor confianza en tí mismo en un entorno de trabajo; pero menos cuando quieres unirte a un equipo. Además; es posible que reconozcas que no tienes las habilidades para el trabajo que deseas; por lo que recibes capacitación para mejorar tus habilidades, lo que te hace más seguro de tu capacidad para hacer el trabajo. Esto construye la confianza en tí mismo. La confianza en tí mismo; puede ser un factor positivo o negativo en tu autoestima; pero no, es todo su ser. Sin embargo; mientras más confianza tengas en tus habilidades en múltiples áreas de tu vida, más aumentará tu autoestima general.

Aparecen personas con altos niveles de confianza en sí mismos:

- Ambicioso y con más ganas en su vida y en la situación.
- Para ver cómo pueden ser mejores ellos mismos en una determinada circunstancia.
- Establecer metas para sí mismo y desafiarse para completarlas.
- Para disfrutar de la competencia consigo mismo.
- Para comunicarse efectivamente sobre sus necesidades.
- Amables y cariñosos consigo mismos y con los demás.
- Abierto a las habilidades de los demás.

A veces las personas trabajan solo en sus habilidades e ignoran su autoestima. Incluso es posible; aunque más raro, trabajar solo en cómo te ves a ti mismo, y no en tus habilidades en diversas áreas de tu vida. Si bien es posible trabajar en estas dos áreas de manera independiente, es importante trabajar juntos en los conceptos para obtener la mayor felicidad y disfrute de la vida.

Los pros y los contras de la autoestima.

Necesitas abrazar la idea de mejorarte a ti mismo. Si sientes que es imposible tener una alta autoestima y confianza en ti mismo; puedes estar poniendo excusas. Si piensas que una persona con alta autoestima y confianza en sí misma sería intolerable, puedes estar negando tus áreas de mejora. Es realmente bueno tener una buena cantidad de ambos en tu vida. No está bien simplemente permanecer negativo acerca de cómo te ves; a ti mismo y tus habilidades.

Identificar el área que deseas mejorar y luego decidir cómo mejorarla; son acciones positivas. Querer mejorar es un rasgo positivo la mayor parte del tiempo. La gente siempre está creciendo y la mejora es parte de ese proceso. Considere quién era cuando tenía cinco años, y luego cómo creció para convertirse en una persona diferente a la edad de diez años, y luego cómo cambió a la edad de 20 años; y así sucesivamente. Puedes tener altos niveles de autoestima y confianza en tí mismo en una edad; pero necesitas crecer para poder alcanzar un alto nivel de autoestima y confianza en tí mismo. No debes ser el mismo a la edad de diez años que a los cinco.

Quieres ser feliz en la vida. Quieres disfrutar de tus circunstancias. Para lograr esto; es importante desarrollar tu autoestima y confianza en tí mismo. La sensación de "no ser lo suficientemente bueno" es una mentalidad negativa y te impedirá ser feliz. Reconocer este diálogo interno poco saludable ayuda a identificar el problema de la baja autoestima.

Cuando tengas una baja autoestima, probablemente notarás que la negatividad te rodea. Es posible que tengas una relación romántica infeliz, un trabajo o jefe insatisfactorio y una falta de pasatiempos porque no crees que tengas talentos que valgan la pena. Puedes decirte a tí mismo que "apestas" y que "no vales la pena". Esto continúa su espiral en situaciones infelices y poco saludables.

Pero; por otro lado, las personas con un alto nivel de autoestima pueden parecer arrogantes o "en sí mismas". No son humildes. Pero a veces esta bravuconada es una tapadera para su falta real de autoestima. Un verdadero alto nivel de autoestima no significa que una persona sea arrogante. En cambio; muestran que aman, respetan y valoran a los demás y a sí mismos.

Humildad es también una palabra engañosa. Las personas a veces interpretan la importancia de la humildad como un bajo nivel de autoestima. Piensan que necesitan poner a los demás primero y no valorar sus necesidades. Esto no es lo que realmente significa la definición y la palabra. Una persona humilde se da cuenta de que está aportando algo importante a su entorno; pero hay otras cosas importantes en la vida que no son lo que tienen para ofrecer. Una persona humilde reconoce que otros también son importantes.

Determinar la diferencia entre humildad y baja autoestima puede ser un desafío a veces. Por ejemplo: Cuando felicitas a alguien y lo descartan diciendo: "en realidad no es nada". No sabes si solo están "tratando de ser educados y humildes" o si no consideran; que sus habilidades y contribuciones sean valiosas. Lo mismo ocurre con tus propias percepciones internas. Puedes pensar que estás haciendo una elección humilde, como elegir asistir a una fiesta para un amigo; pero en realidad, es evidencia de tu baja autoestima; porque estás descuidando tus necesidades, al ir a la fiesta. Es posible que debas dormir más esa noche, trabajar en tu relación con tu pareja o estudiar para un exámen. En su lugar; eliges ir a la fiesta porque de todos modos no crees que valga la pena el esfuerzo. Por otro lado; es posible que reconozcas que el amigo necesita estar rodeado de amigos esta noche, y puedes ayudarlo durante algunas horas; antes de regresar a casa para dormir lo que necesitas, mostrando humildad y respeto por tus propias necesidades. Esto es evidencia de humildad y un mayor nivel de autoestima.

Maneras de mejorar tu autoestima.

Hay varias cosas que puedes hacer para mejorar tu autoestima o autoestima. Uno de los mejores métodos para mejorar tu autoestima; es detener los patrones de pensamientos negativos en tu cabeza. Reconoce cuando te estás rebajando y conviértelo en algo positivo. Por ejemplo: En lugar de decir: "No soy lo suficientemente bueno para obtener ese trabajo, o lugar en el equipo, o promoción, o socio", conviértalo en "Me falta la confianza para ir tras esta oportunidad".¿Qué áreas puedo mejorar en mi vida para asegurarme de aprovechar al máximo esta situación? " Es posible que no tengas las habilidades para formar un equipo varsity en este momento o para obtener la promoción; pero eso no significa que "no sea lo suficientemente bueno". Lo que significa es que tus habilidades necesitan mejorar para poder hacer el trabajo. Con este cambio en la mensajería, se establece un camino para el crecimiento y la oportunidad.

Otra forma en que puedes mejorar tu autoestima; es mirando las cosas que te gustan de ti mismo. Pueden ser habilidades y habilidades; pero también pueden ser otros rasgos como aspectos de tu apariencia o personalidad. Tal vez sea tu familia o tu entorno. Tal vez te guste tu devoción a tu fe. Enfocándote en las cosas que lo hacen increíble, no importa cuán "pequeños" pienses que son, te ayudará mucho a superar la baja autoestima.

Considera anotar tus fortalezas y rasgos únicos en una lista. Piensa en ellos como si estuvieras compartiendo esta información con un posible empleador. ¿Cómo convertirías todas tus fortalezas en puntos de venta, de por qué es una opción valiosa? Hacer esto te ayuda a enmarcar tu identidad de una manera positiva y edificante. Siempre tenemos la necesidad de crecer y mejorar; pero en lugar de considerar tus desafíos y áreas menos desarrolladas como un detrimento para tí, consideralos como una oportunidad para mejorar. Enfocarse en lo positivo para ver crecimiento positivo. Lo negativo solo engendra negatividad.

¿Debería trabajar en la autoestima o antes de la confianza en sí mismo? O viceversa?.

Es posible que alguien tenga una baja confianza en sí mismo pero una alta autoestima. Y también es posible; que alguien tenga una alta confianza en sí mismo pero una baja autoestima. También es posible que el nivel de uno pueda afectar al otro. Por ejemplo: Alguien que tiene baja autoestima puede sentirse confiado en una habilidad en particular; y mientras más se centran en esa habilidad, comienzan a verse a sí mismos como una persona con más talento, aumentando su autoestima. Por otro lado; una persona puede tener un fuerte sentido de sí misma; pero no tener confianza en un área determinada.

Curiosamente, no se presta mucha atención a las personas que tienen confianza en sí mismas; pero sí una baja autoestima. Por ejemplo: Considere cuándo las celebridades se quitan la vida aunque sean actores o cantantes increíblemente talentosos. Es devastador y difícil de entender por qué no se ven a sí mismos como los individuos increíbles y talentosos que son.

Un desafío en nuestra sociedad y cultura es la imagen de "perfección" que se compra en las portadas de revistas o se retoca en películas. Esta proyección de cómo alguien debe "mirar" es una influencia negativa en la autoestima de una persona. Incluso para las celebridades que parecen ser perfectas pueden caer en la trampa de no sentirse lo suficientemente bien. Este es el peligro de la cultura popular; estamos presionando a las personas para que obtengan un nivel que no es realista porque es simplemente irreal. Las personas no pueden verse o actuar como lo que se muestra como perfección y,; por lo tanto, sentir que no son lo suficientemente buenos. Esta cultura está empujando a las personas a una autoestima peligrosamente baja.

Debido a la naturaleza perjudicial de la baja autoestima y el tiempo que lleva cambiar sus percepciones, es importante trabajar a menudo en nuestra autoestima. Tener confianza en tí mismo, en tus habilidades; es bueno, pero si por lo general no te gustas, no es suficiente. Esto significa que debe enfocarse en desarrollar su autoestima por encima o antes de la confianza en sí mismo. ¡La autoestima es la base de la confianza en sí mismo después de todo!

No pierdas de vista la confianza en tí mismo.

Pero solo porque usted debe trabajar primero en la autoestima; no significa que deba descuidar el crecimiento de su conjunto de habilidades. De hecho; debido a la estrecha relación entre dos términos, es difícil mejorar uno sin el otro. La confianza en sí mismo es también la forma en que ayuda a crecer y expandirse a medida que se desarrolla. Si bien la autoestima es crítica para todo tu ser, la confianza en ti mismo es cómo puedes mejorar tus habilidades e influir en tu autoestima futura. Una vez más; es importante recordar la estrecha interacción entre los dos.

Capítulo 1.2: Los bloques de construcción de la confianza en sí mismo y el papel que desempeñan.

"¡La confianza es clave!" Esto es algo que puedes escuchar a menudo a lo largo de tu vida. Y es un buen consejo, pero es un poco vago si nunca antes has tenido confianza en tí mismo. Probablemente puedas reconocer a una persona segura de sí misma cuando la ves, entender los beneficios que recibes gracias a esta confianza, y reconocer que la confianza en sí mismo es un rasgo que debe emularse. Pero, ¿por qué es la autoestima importante y posible para todos?

Auto confianza.

La confianza en uno mismo no es solo decirle o mostrarle a los demás que eres bueno en algo. Es un entendimiento de que eres bueno en algo y que es valioso para otros. Esto no es arrogancia; sino confianza. La arrogancia es valorarte a ti mismo por encima de todos los demás y sentirte superior en un área en la que no puedes ser superior. Además; poner tus necesidades por debajo de todos los demás no es humildad, sino una indicación de baja autoestima, no una falta de confianza necesariamente. Un nivel saludable de confianza en sí mismo es un buen equilibrio entre estos dos extremos.

La confianza en sí mismo es importante porque puede hacerle daño o ayudarlo a usted y a su éxito. Debes comprender qué nivel de confianza deseas y necesitas; para poder alcanzar ese nivel, y ayudarte a tí mismo. Por ejemplo: Puedes identificar que necesitas capacitación adicional para ser un gerente efectivo. Te inscribes en un curso que parece que te proporcionará toda la información y el apoyo que necesitas para lograr el resultado deseado de ser un mejor gerente. Al finalizar; puedes revisar lo que aprendistes y aplicarlo a tu entorno de trabajo. Si todavía sientes que falta algo, puedes volver a tu entrenamiento para ver si te has perdido algo o buscar otro entrenamiento.

Algunas personas; sin embargo, lo llevarán al extremo. Estas personas pueden sobreestimar sus habilidades, sin aumentar su conjunto de habilidades; porque están sobreestimando su habilidad actual, que se conoce como el Efecto Dunning-Kruger. Otras personas pueden caer en la trampa de compensar en exceso, tomar varios entrenamientos y usar recursos cuando realmente no necesitan que todos ellos, para alcanzar sus metas.

El pensamiento positivo es bueno para usted; pero no cuando se lleva al extremo o se hace a ciegas. Necesitas un propósito y una dirección; al mismo tiempo que sea realista acerca de lo que necesitas. Está pensado para ayudarte a crear experiencias más positivas, no para agregar estrés adicional a tu vida. Asegúrate de establecer un objetivo realista con un plazo límite, y trabajar hacia el crecimiento y la expansión.

Las razones para confiar en sí mismo.

La investigación científica y las publicaciones han producido varios resultados importantes que muestran que la confianza es importante. Estos artículos arrojan luz; sobre por qué quieres tener confianza en tí mismo y cómo construirla. A continuación se muestra una lista rápida del por qué y cómo, de la confianza en tí mismo:

La atracción física no es tan importante como la confianza en sí mismo, en las relaciones románticas.

Cuando un hombre es más seguro de sí mismo, se vuelven más atractivos físicamente. Y esta confianza no necesita ser experimentada en persona. El International Journal of Cosmetic Science demostró esto al fotografiar a los hombres y luego darles algo de colonia. Después de darles a los hombres la colonia, respondieron que se sentían más seguros. Una segunda fotografía fue tomada de los hombres después. Cuando las fotografías se mostraron a las personas y se les preguntó qué imagen era más atractiva, las imágenes posteriores a la colonia se consideraron más atractivas.

El Journal of Personality and Social Psychology también investigó la importancia de la confianza en sí mismo en las relaciones románticas. Descubrieron que cuando los hombres tenían menos confianza en sí mismos; en la relación no estaban tan contentos cuando sentían que su pareja tenía más éxito que ellos. Para cambiar la felicidad en la relación, no se recomienda que la pareja tenga menos éxito, sino que los hombres necesitan trabajar en su confianza en sí mismos.

"Subir la escalera" es más rápido y más probable con una confianza temprana en sí mismo

No es sorprendente tener confianza en el trabajo y obtener un ascenso; pero lo que la Universidad de Melbourne descubrió fue que la longevidad de la confianza en sí mismo era importante. Los participantes que tenían confianza en sí mismos tan pronto como en la escuela primaria, y en el futuro eran adultos más exitosos en el trabajo.

Otro estudio mostró el papel de la confianza en sí mismo en los estudiantes también. Cuando los estudiantes participantes recibieron críticas con un elemento de confianza en su capacidad, se desempeñaron mejor; que aquellos que no recibieron la misma expresión de confianza. El estudio realizado por la Universidad de Texas identificó que desarrollar la confianza en sí mismo de un estudiante en el entorno académico conduce a un mayor éxito en el lugar de trabajo, en el futuro.

El exceso de confianza no siempre es tan malo.

Un estudio realizado por dos universidades, la Universidad de California-San Diego y la Universidad de Edimburgo; encontró que el exceso de confianza en un debate era fundamental para el éxito, incluso si la persona estaba equivocada. Los participantes tuvieron que sentir que su postura tenía valor para que tuvieran éxito al debatir un tema específico y la única razón por la que el exceso de confianza no ayudó a la victoria, fue cuando la persona estaba segura de que perdería el debate.

Los pros y los contras de la confianza en sí mismo.

El beneficio de tener confianza en sí mismo es que las personas lo ven como un líder y experto en su área de confianza. Además; su percepción de sus habilidades, construye su autoestima. Hay una sensación de orgullo en su capacidad para hacer algo. Este orgullo puede apoyar la visión de si mismo.

También es posible estar orgulloso de algo por lo que estás trabajando para lograrlo. Has identificado algo que deseas o sientes que necesitas mejorar, y estás trabajando para lograr ese objetivo. Si bien es posible que no confíes en el resultado de la meta, tienes confianza en tus acciones para alcanzar esa meta. Esta confianza te prepara para el éxito; más que entrar en desarrollo, con una visión negativa.

En varias ocasiones, he escuchado la frase: "No son mejores que tú porque tienen dos cabezas". Si bien esta frase puede sonar confusa y oscura para algunos, el significado es profundo. Otras personas no poseen algo que tú no tienes. No tienen la ventaja de dos cerebros, mientras que solo tienes uno. En su lugar; están trabajando duro para alcanzar sus metas, y tu también deberías hacerlo. La confianza en sí mismo inspira auto crecimiento y desafío.

No hay límite para tu autoconfianza o tus habilidades. ¡Y no debería haber! Por supuesto; existen limitaciones físicas o financieras que pueden surgir, pero eso no significa que debas renunciar a un objetivo. Considera a los atletas cuadripléjicos que encuentran formas de competir en triatlones y maratones extremos. Si bien tienen la limitación física que podrían frenarlos; reconocen sus capacidades para alcanzar sus objetivos y la autoestima para que esto ocurra; a pesar de todos los obstáculos en su camino.

La confianza en sí mismo es lo que "mueve montañas" y te ayuda a hacer realidad todos tus sueños. Comienza con autoexploración y desarrollo, y termina con éxito. Realmente es un rasgo increíble para perfeccionar.

"Arrogante", "orgulloso" o "demasiado confiado" son términos negativos asociados con alguien que es demasiado fanfarrón de sus habilidades. Hay un buen equilibrio que necesita lograr con su autoconfianza para evitar términos como este. No hay nada de malo en estar orgulloso de lo que puedes hacer y ofrecer a los demás; sin embargo, si descubres que te estás jactando de ello a menudo; tal vez haya un problema subyacente con tu autoestima que debas abordar. Si tu cabeza es "demasiado grande"; entonces has ido demasiado lejos, con la confianza en tí mismo.

Típicamente; la persona que es jactanciosa cae en una de dos categorías: El "bebé de la cuchara de plata" y el "estafador torcido". El " bebé de la cuchara de plata "; se siente con derecho a la riqueza y se jactará de lo fácil que es obtenerlo. A menudo se jactará de su situación familiar y sus conexiones. El "estafador torcido"; aunque es muy diferente al anterior, tiene resultados similares. Estas personas "se comen" sus caminos hacia sus posiciones mintiendo, y otros medios torcidos. Esta persona sentirá que necesita enmascarar sus habilidades alardeando y alardeando. Juzgarán a los demás y tratarán de evitar que se "enteren" de ellos.

Estas son trampas que pueden ocurrir si no estás viendo cómo se desarrolla la confianza en tí mismo. No deseas evitar tener confianza, y es bueno sentirte orgulloso de tus logros; pero tampoco quieres ir demasiado lejos y ser fanfarrón. Este control sobre él; significará que no tendrás control sobre tí. Y cuando te controle, no tendrás éxito.

Equilibrio de la confianza en sí mismo y la arrogancia.

Quieres ser exitoso y realizarte en niveles óptimos. La buena confianza en tí mismo es crítica para esto. Cuando alguien confía en sus habilidades; otros los admiran, confían y creen en ellos. Saben que pueden lograr aquello para lo que están trabajando. Pero a veces esas personas confiadas se mueven más allá de la "confianza" y comienzan a volverse "arrogantes".

La confianza no está relacionada con "lo correcto" y "lo incorrecto". La confianza significa que estás dispuesto a ver nuevas oportunidades o nuevas perspectivas como una forma de crecer tú mismo. Un desafío no es un contratiempo; es una herramienta de desarrollo. Cuando tengas confianza en tu capacidad para manejar el desafío, puedes dar la bienvenida a este nuevo camino.

La arrogancia; por otro lado, se manifiesta en el comportamiento de la persona. La confianza es aparente en el lenguaje corporal y los modales de la persona. La mayoría de las veces no es necesario que le digas a la gente sobre la confianza en tí mismo; ellos pueden verla simplemente mirándote. ¿Recuerdas ese ejemplo de los hombres y la colonia de antes? Pero una persona arrogante quiere ser reconocida por sus habilidades. Ellos hacen alarde de ellos y su éxito. Este es su ego hablando literalmente, en lugar de dejar que sus acciones hablen por ellos.

Tu ego juega un papel importante en el equilibrio de tu autoconfianza. El ego no siempre significa algo malo. El ego es en realidad; lo que ayuda a las personas a salir de su zona de confort y probar cosas nuevas. El ego es otra forma de pensar en tu autoestima. Tener un ego sano o una autoestima; significa que puedes asegurarte de que todavía hay un elemento de humildad. Puedes mantener la confianza en tí mismo y evitar que se convierta en arrogancia. También es lo que te hace sentir que puedes enfrentarte al mundo, en lugar de esconderte en un rincón.

Cuando confías en tus habilidades; es más probable que tengas éxito, porque percibes que puedes tener éxito, y la percepción es lo que crea la realidad. Pero hay cosas que no puedes controlar que pueden afectar la confianza en tí mismo. En lugar de enfocarte en lo negativo y las cosas que te "frenan"; considera algunos de los siguientes concejos; para ayudarte a aumentar tu confianza; en todas las áreas de tu vida, sin importar, si es hombre, mujer o niño.

Cómo aumentar la confianza en sí mismo.

Mira la parte. La ropa no define quién es usted; pero puede ser una herramienta para ayudarte a sentirte más seguro de tí mismo. Si quieres sentirte mejor o te gusta el papel; vístete como lo haces. Si bien puedes pensar que las personas siempre están mirando y juzgando tu apariencia, siempre estarás más consciente y sensible de cómo te ves. Esto significa; que cuando no te sientes como te ves mejor, te comportas de manera diferente e interactúas con menos confianza. En cambio; cuando te sientes bien con tu apariencia, tienes una mejor conexión y confianza. Esto no significa que tengas que ser elegante todo el tiempo. A veces es solo cuestión de tomar una ducha o un baño, afeitarse con frecuencia y ponerse ropa limpia. Comprender las tendencias de la moda es útil pero no siempre es necesario.

Otra cosa a considerar con tu apariencia; es la elección de la ropa que compras. La ropa barata a menudo, sientes que te queda mal. Además; tiende a desgastarse más rápido que las opciones más caras. Finalmente; la ropa barata tiende a ser más "a la moda" que los artículos de mayor precio. En lugar de gastar tu presupuesto de ropa en todo lo que puedas, concéntrate en tratar de obtener artículos de la mejor calidad que puedan durar mucho tiempo dentro de tu presupuesto. Tendrás menos en tu armario, pero eso también es algo bueno.

Caminar con propósito es rápido y seguro. Tal vez no te sientas tan seguro de tu habilidad; en una situación determinada como quieres, pero si solo aceleras un poco la marcha; puedes mejorar tu autoestima instantáneamente, pero también las percepciones de los demás. Es una forma simple de determinar la confianza de otra persona. Si caminan lento y lento, no tienen cosas que hacer. Por otro lado; si se están apresurando en una dirección, probablemente sienten que hay un trabajo importante que cumplir y que necesitan estar allí para ayudarlo.

Sientate derecho. Al igual que cuando caminas, la forma en que te sientas demuestra tu nivel de confianza. Acurrucados y movimientos lentos del cuerpo sugieren una falta de confianza. Están demostrando que no se consideran capaces de hacer el trabajo y no tienen entusiasmo para crecer. Por otro lado; una espalda recta y movimientos rápidos y precisos muestran confianza. Y hacer este ajuste también; te ayuda a sentirte así. Además; de estar sentado o de pie con la espalda recta, levanta la cabeza y manten un alto nivel de contacto con los ojos. Esto te hará sentir capacitado y comprometido; y le darás la impresión positiva de que tienes el control.

Inspírate o inspírate a tí mismo. Escuchar a los oradores motivacionales nunca ha sido tan fácil como hoy. Simplemente levante un Ted Talk en YouTube y escucha mientras te preparas por la mañana. O reproduce un audiolibro motivacional en tu automóvil hacia y desde el trabajo. Usa estos recursos para tu ventaja. Si no puedes encontrar algo que funcione para ti o que te guste; hazlo tú mismo. Crea una charla positiva de treinta segundos a un minuto para aumentar la confianza en tí mismo por la mañana; antes de que comience el día. Lo mejor de tener su propio discurso motivador personal y de confianza en sí mismo; es que puedes recitarlo en tu cabeza, o en voz alta cada vez que necesites un impulso. ¡No hay necesidad de tecnología con este método!

Dedique tiempo cada día para estar agradecido. Estamos programados para encontrar lo negativo y la limitación en las situaciones. Si bien esto puede ayudarnos al mostrarnos las áreas a mejorar, también puede convertirse en una conversación negativa; que es perjudicial para la confianza en tí mismo y tu autoestima. Esto es especialmente cierto; cuando siempre estás mirando hacia tus metas y deseos. En lugar de permitir que esta identificación se convierta en "charla" negativa, reutilice el tiempo en lugar de enumerar por qué está agradecido. Tener un tiempo establecido cada día para concentrarse en lo que tiene o lo que ha logrado; ayuda a aumentar y mantener su confianza en sí mismo.

Pase este tiempo; dedicado cada día, pensando en las cosas que ha logrado y en todo su éxito. Llama tu atención sobre tus talentos y habilidades. Reflexiona sobre aquellos que te hacen único. Además; pasa un tiempo pensando en tus relaciones especiales y positivas. Estas relaciones pueden ser familiares, de amigos o románticas; pero solo se enfocan durante este tiempo en aquellas que aumentarán tu confianza y positividad. Finalmente; también considera las acciones y eventos que han tenido lugar y que te están moviendo en la dirección correcta. Cuando te dés este tiempo para estar agradecido y positivo; podrá apreciar tus habilidades y continuar avanzando hacia tus metas.

Capítulo 1.3: El poder de la confianza.

William Jones dijo; hace más de 100 años, que "la mayoría de las personas vive en un círculo de potencial restringido". Tales palabras envejecidas todavía suenan verdad hoy. La falta de confianza en sí mismo, no la insuficiencia o la falta de recursos, restringen a las personas de su potencial. Cuando no tienes confianza en tus habilidades, no puedes hacer mucho. Cuando tienes confianza, el potencial es ilimitado! Esto se debe a que tiene poco que ver con tu habilidad real; sino, con tu creencia en tu habilidad. No se trata de lograr algo; sino de creer que puedes.

Tus acciones están dirigidas por tus creencias; incluso si tus creencias son incorrectas y tus acciones dan forma a tu vida. Esto ha sido comprendido durante mucho tiempo y la investigación publicada continúa apoyando esta conclusión. Algunas de las publicaciones más recientes señalan que puedes reprogramar tu cerebro para que afecte positivamente tu comportamiento a cualquier edad. Estas publicaciones significan: Que no importa cuánto tiempo hayas vivido con poca confianza en tí mismo; puedes cambiarlo en cualquier momento. Se necesita tiempo, valor y esfuerzo, ¡pero es posible!

Es natural tener niveles cada vez más altos de autoconfianza a lo largo de tu vida. Cuando experimentas el éxito; es más alto. Cuando tienes un contratiempo; puede bajar. Esta es la naturaleza humana. Para ayudarte a evitar fluctuaciones extremas, confía en las fuentes internas para aumentar y apoyar tu autoconfianza, en lugar de buscar afirmaciones externas. Esto significa que tomarás posesión de tu autoconfianza y éxito.

Tu fuente de poder a menudo radica en la confianza en tí mismo; y el poder de la confianza en tí mismo, reside en tu capacidad para fomentarla. Para fomentar la confianza en tí mismo; internamente, y no buscar afirmaciones externas; a veces necesitas "simularlo hasta que lo logres". Esto significa; que incluso si te sientes dudoso, actúa como si estuvieras confiado. Una de las mejores maneras de actuar como si estuvieras confiado; es pararse con confianza. Por ejemplo: Ponte de pie, tira los hombros hacia atrás, levanta la barbilla y sonríe. La ciencia ha demostrado que puedes cambiar tu estado mental cuando haces cambios en tu cuerpo físico.

Las personas que admiras también son excelentes fuentes de inspiración para desarrollar tu confianza. Considera cómo estas personas responden en diferentes situaciones. Cuando estés enfrentando un nuevo desafío o riesgo, piensa en cómo responderías. Usa tu inspiración para guiar tus acciones hacia tus metas. Los miedos, la ansiedad o el estrés no son útiles durante este proceso. Evita estos pensamientos negativos y mantente atrapado en tu impulso positivo. Continúa enfocándote en tus metas y deseos. Mantente enfocado en tu inspiración a medida que avanzas.

Qué esperar cuando abrazas la confianza en ti mismo.

Al igual que cualquier otro rasgo humano; la confianza creará confianza. Y a medida que adquieras más confianza, todo lo que buscas será positivo. Hay tantos beneficios poderosos; que puedes esperar cuando abrazas la confianza en ti mismo. A continuación encontrarás una lista, de algunos de los rasgos que pueden esperar; cuando comiences a mejorar la confianza en tí mismo:

Decisión: Cuando estás seguro, puedes tomar una decisión. Cuando dudes constantemente; te será difícil hacer una elección. Lo más probable es que pases la mayor parte de tu tiempo debatiendo sobre la decisión "correcta"; pero no importa lo que elijas, probablemente terminarás lamentándolo. El motivo del arrepentimiento; es el exceso de pensamiento, y no usar las habilidades que tienes para tu beneficio. Cuando abrazas la confianza en tí mismo; puedes elegir y sentirte seguro de que harás todo lo posible para que sea una realidad. E incluso; si la elección no es la mejor, sabes que aprenderás de ella y podrás hacerlo mejor la próxima vez.

Trabajar hacia los grandes objetivos: Aquellos que tienen confianza; trabajan hacia los objetivos con un propósito. Tú estableces tus propios límites y la gente confiada lo entiende. Las inseguridades o los temores detienen a las personas con menor autoestima; pero los que confían, avanzarán sin importar qué suceda. Esto se debe a que ven el futuro positivamente y eligen objetivos alineados con su propósito. La mayoría de las personas no se atreven a soñar en grande e ir tras sus sueños; pero cuando abrazan la confianza en sí mismos, pueden perseguir su verdadero propósito con pasión y dedicación.

Mejores habilidades sociales - La confianza aplasta la ansiedad social. Cuando tengas confianza en lo que traes a la mesa; ya sea conocimiento sobre un tema, o habilidad en un deporte, no tendrás miedo de encontrar un terreno común con otras personas que lo rodean. La confianza minimiza los efectos de una actitud tímida o la ansiedad por hablar con nuevas personas. Abrazar la confianza en tí mismo; rompe las barreras sociales, porque tienes algo valioso que ofrecer a quienes te rodean.

Protección contra la depresión: La depresión se siente arrepentida por el pasado y tiene una visión negativa del futuro. Debido a que una persona deprimida vive en el pasado y en el futuro, carece de la capacidad de actuar en el presente. Una persona segura; sin embargo, es más orientado a la acción. No pasan el tiempo repasando los errores del pasado ni preocupándose por el futuro. Ellos deciden y toman pasos en la dirección para lograrlo. Abrazar la confianza en tí mismo; te ayudará a protegerte contra la depresión.

Mejora constante: Tienes un potencial ilimitado, ¡solo necesitas liberarlo! Cuanto más confiado te vuelvas, más te darás cuenta de esto. Luego puedes concentrarte en las habilidades y la experiencia que necesitas para lograr tus objetivos. Además; encontrarás experiencias y personas que apoyarán tus ambiciones. Abrazar la confianza en tí mismo; conduce a más oportunidades y crecimiento todo el tiempo.

Consejos sobre cómo ser más seguro de sí mismo.

Encontrar tus pasiones y propósito

A muchas personas les sucede: Es difícil mirar más allá de tu situación actual para ver tu propósito. No puedes ver el pasado donde estás por una variedad de razones; y una de ellas es el miedo. A continuación hay algunos consejos sobre cómo descubrir tu propósito:

Mira en lo profundo; no saltes a conclusiones. En su lugar; haga preguntas sobre lo que está sucediendo. El acto de cuestionar es lo que te lleva a expandirte y crecer. Sacar conclusiones te quita de otras influencias. Las preguntas para hacer incluyen: "¿En qué estoy pensando en esta situación?" "¿Qué otras posibilidades hay?" "¿Estaré feliz con este resultado?" o simplemente, "¿por qué?"

Cree un "mapa de la pasión": Para descubrimientos orientados a la carrera; escriba diferentes compañías interesantes, descripciones de trabajos divertidos, y funciones de trabajos agradables. Úsalos para ayudarte a buscar las oportunidades o el crecimiento de habilidades que necesitas. También puedes usar esto; con una lista de compañías con las que deseas ponerte en contacto y personas con las que crees que necesitas reunirte.

Dale tus 40 horas; pero obtén 20 para ti. Para superar el enfoque en tu situación actual, debes asegurarte de esforzarte por un número definido de horas; y luego, reserva al menos 20 horas por día. Semana para enfocarte fuera de tu rol actual, para avanzar hacia tu propósito. Por ejemplo: Trabaja en tu "mapa de pasión", actualiza tus perfiles en línea, o asiste a eventos de redes.

Permanece en el "camino del propósito": Toma un momento para pensar sobre las cosas que te resultan fáciles; pero nota que otros luchan .¿O te das cuenta de que las personas acuden a ti; para pedirte consejos sobre ciertas cosas a menudo? Estos rasgos son los que te hacen a tí. Lo más probable es que no sea cómo "piensas" que debería ser; o cómo otros "piensan" que debería ser. Cuando te concentres en lo que te hace feliz y confiado; encontrarás tu pasión y avanzas hacia tu propósito. A medida que continúas estando alineado con tu propósito, tus decisiones siguen siendo fáciles; los objetivos están más definidos y la complacencia no es un problema.

Entendiendo tu poder personal.

Tienes la capacidad de cambiar la dirección de tu vida; que es el asiento de tu poder personal. Por ejemplo: Puedes cambiar tus propios hábitos. Cuanto más rápido puedas cambiar y la eficiencia de este cambio; es una forma de medir tu poder personal. El poder personal no es lo mismo que la autodisciplina. La falta de autodisciplina se puede superar con el poder personal que se encuentra en lo profundo de tí. Por ejemplo: Sabes que fumar no es bueno para tí; pero te falta la autodisciplina para dejar de fumar. Un día descubres que tienes una grave complicación de salud por fumar y que puedes morir si no lo dejas. Ahora estás motivado para dejar de fumar. Estás accediendo a tu poder personal, superando tu falta de autodisciplina.

A veces; la razón por la que no haces un cambio, es porque tienes deseos que compiten entre sí. Tus hábitos están determinados por tus deseos; pero cuando tienes deseos diferentes, tus hábitos no siempre se alinean bien entre sí. Por ejemplo: El deseo de levantarte más temprano para comenzar el día; de cierta manera compite con el deseo de dormir más tiempo. Ambos pueden ser deseos intensos y crear conflicto en tus hábitos. Los conflictos utilizan tus reservas de poder personal porque te hacen debatir sobre tus elecciones. Y cuando tomas una decisión que consideras "incorrecta", comienzas el ciclo de diálogo interno negativo, y probablemente te digas cosas como que te falta la autodisciplina para lograr tus verdaderos deseos.

Esta conversación negativa conduce entonces a una reducción en el poder personal. Usas tu poder luchando contra tí mismo; en lugar de trabajar hacia tus metas. Es perjudicial para tu estado emocional; así como tu físico. Y este daño erosiona tu autoconfianza. Pero cuando comprendes que puedes cambiar tu mentalidad a una de confianza en tí mismo; y estás más consciente de tu poder personal, puedes aprovechar los beneficios para llevar una vida útil.

Tu atención debe permanecer enfocada en tus verdaderos deseos. Necesitas reconocer lo que está en conflicto y volver a concentrarte en lo que quieres. La meditación puede ayudarte a aprender cómo enfocarte y desarrollar tu autoconfianza. También puede ayudarte a definir tus deseos con mayor claridad para que puedas tomar una decisión y atenerte a ella.

Otra forma de abrazar tu poder personal; es romper esos hábitos negativos o perjudiciales. Eliminar esos hábitos; te permite concentrarte en lo que te mantendrán en el buen camino. La confianza en tí mismo te permite tener ese poder personal para poder hacer esto.

Dominar algo, convertirse en un experto.

Desarrollar tu conjunto de habilidades y convertirte en un maestro en algo; te ayuda a desarrollar tu autoconfianza. La combinación de autoconfianza y dominio; te hace más comercial y, de nuevo, fortalece tu autoconfianza. Afortunadamente; no hay límite de tiempo para convertirte en un experto. A continuación hay tres sugerencias sobre cómo convertirte en un experto en cualquier cosa que decidas:

Determina tus intereses: Examina tu posición actual. Haz una lista de lo que ya sabes y de lo que sientes que estás a punto de dominar. Lo más probable es que estés cerca de ser un experto en algo relacionado con lo que ya estás haciendo. Tal vez ya lo eres! Esto significa que tienes algo sobre lo que construir y avanzar. Entonces; en lugar de empezar de cero, puedes construir desde lo que ya tienes una base. Esto solo funciona si tiene interés en lo que estás haciendo actualmente. Si has perdido interés en este campo, necesitas mirar algo más. Este debe ser tu enfoque principal.

Ten un enfoque singular: No te metas con otros millones de intereses e ideas. Mantente en un sólo objetivo. Si intentas aprender demasiadas cosas; solo crearás un entorno para el fracaso. Concéntrate en dominar un área y luego pasar a la siguiente. Permítete aprender y luego crecer, no solo saltar de un tema a otro.

Practica una y otra vez; no ocurre de la noche a la mañana. Necesitas poner en el trabajo e intentar una y otra vez ser un experto. Una estimación famosa de Malcolm Gladwell es que se requieren 10.000 horas de práctica para dominar algo. Esto puede o no puede ser cierto; pero proporciona una buena visión de cuán importante es la práctica para el dominio. Esto incluye el tiempo dedicado a estudiar, practicar y presentar sus conocimientos.

Conozca sus contratiempos.

Parte del crecimiento de la confianza en tí mismo; es comprender las oportunidades en su conjunto de habilidades. Esto no significa identificar todas las cosas que no tienes; que te impiden obtener lo que deseas; sino, tener una visión realista de lo que puedes hacer para crecer hacia tus metas. Otro contratiempo para tu objetivo es también cuando experimentas el fracaso.

El fracaso es normal y natural. Sin embargo; para las personas con bajos niveles de confianza en sí mismas, cuando las cosas no salen bien, puede ser un "show stopper". Los reveses pueden detener a una persona en su camino hacia su objetivo; porque es negativo y puede erosionar la confianza en sí mismo. Aquí es donde el poder personal y la autoestima entran. Aprovechar estos recursos ayudará a superar la visión negativa de un contratiempo.

Los contratiempos no tienen que ser una experiencia negativa y no son una "señal" de que no se supone que debes trabajar para lograr este objetivo. En cambio; alguien con un alto nivel de confianza en sí mismo verá un contratiempo como una oportunidad de aprendizaje. Estas experiencias te enseñan, lo que puedes hacer de manera diferente la próxima vez para mejorar tus posibilidades de éxito. Esta es una visión positiva y requiere que cambies la conversación interna negativa, que puede ocurrir cuando las cosas no salen según lo planeado.

Cambiando el paradigma de la preocupación, la duda y el "camino equivocado" hacia el éxito.

Para tener confianza en sí mismo y crecer en este estado; necesitas cambiar tu paradigma de preocuparse a uno de éxito. En otras palabras; debes pasar de reaccionar a los problemas, a crear resultados positivos. Este cambio es novedoso y revolucionario; especialmente en un entorno empresarial , aunque también ocurre en situaciones personales. Desafortunadamente, el cambio es tan raro que no hay un camino claro para lograr este cambio. Cambia de persona a persona, pero es un camino que va desde el lugar actual a donde quieres ir.

El proceso común de reaccionar a los problemas cuando llegan es protector; pero el cambio hacia el éxito y la creación de los resultados deseados hacen que lo que quieres se haga realidad. Permanecer atrapado en la preocupación, la duda y la negatividad; significa que los cambios intencionados son imposibles. En su lugar; debes pasar a ser dueño de tu camino hacia tus objetivos, y centrarte en cambiar tu paradigma; para alinearte con la creación de tus resultados.

Capitulo 2: La Fundación es la estima, pero el templo construido en la parte superior, es la confianza

Capítulo 2.1: ¿Qué valen realmente?

Eres bueno, valioso y precioso. Eres esencial y único. No importa quién eres; esto es verdad. Por eso eres una persona valiosa e importante. Toda persona tiene "valor humano" y es un rasgo incondicional. Eres tan importante como cualquier otro.

Todos tenemos valor humano en nuestro núcleo; pero con el tiempo puede quedar oculto por las distracciones externas. Estas distracciones impiden que tu núcleo sea visto y apreciado. También puede impedirte promover el valor humano en los demás. En cambio; puedes amar y respetar a los demás, lo que te ayuda a redescubrir tu propio valor humano. Puedes compartir tus habilidades con ellos. Puedes animarlos a compartir sus talentos también. El camino hacia una mejor autoestima y confianza en uno mismo; no es crear o cambiar el valor humano en uno mismo y en los demás; sino apoyarlo.

Las Leyes del Valor Humano de Claudia Howard definidas en 1992 explican los siguientes 5 adagios:

Toda persona tiene un valor incondicional, eterno e infinito.

El valor de la gente es igual. No hay competencia o comparación entre el valor de las personas. No importan sus habilidades, talentos o habilidades, usted vale lo mismo que cualquier otra persona.

Tu valor humano no es mejorado o degradado por influencias externas. Los éxitos, las actuaciones, la apariencia o el dinero no pueden cambiar tu valor humano. Tu valor humano no se puede cambiar; las influencias externas solo pueden cambiar tu valor social.

El rechazo no pone en peligro tu valor porque es estable.

No necesitas demostrar tu valía humana o ganarla. Naces con valor humano. Lo que necesitas hacer es apreciarlo, aceptarlo y reconocerlo.

¿Por qué los pensamientos negativos son destructivos y cómo reemplazarlos?

Es difícil recordar tu valor humano; cuando surgen situaciones negativas, pero puedes entrenar tu mente para replantear la negatividad a pensamientos positivos. A continuación se presentan ocho patrones de pensamientos negativos para tomar conciencia en tu propia mente:

"La vida es una mierda".

Pensando que la vida es inherentemente mala, que nadie es confiable y que nada positivo sucederá en el futuro.

Haciendo conclusiones sin evidencia.

Sacar conclusiones sin evidencias; ocurre frecuentemente. Desafortunadamente, este es un patrón destructivo y puede lastimarte a tí mismo y a los demás.

"Nunca me va a pasar".

Especialmente pensando que nunca te pasará nada bueno. Pensar así es a menudo un proceso de pensamiento condicionado y ha erosionado tu autoestima.

Las personas que tienen una visión negativa de ti.

Comentarios como, "A ella no le gusto" o "Él no cree que sea lo suficientemente inteligente".

"Debería haber ...", "Habría ...", "Podría haber ...".

Este es un ciclo terrible para atascarse. Las personas que tienen estos pensamientos saben lo que deben hacer; e incluso cómo hacerlo, pero dan excusas de por qué no pueden hacerlo realidad.

Las emociones impulsan tus decisiones.

Tu realidad está moldeada por tus pensamientos, y tus pensamientos pueden ser controlados por tus emociones. Cuando tus emociones están controlando tu vida, es negativa.

"La culpa es mía".

Usted causa todos los problemas a su alrededor. Todo lo malo que pasa es por ti. Por otro lado, esta persona no considera que también cause todas las situaciones positivas.

"Todos están equivocados"

Crees que tu camino es el mejor y todas las demás personas están equivocadas e incapaces.

Pensamientos como estos son comunes; y probablemente reconocistes algunos de tus pensamientos enumerados anteriormente o una combinación de un par de ellos. Reconocer estos pensamientos negativos y darse cuenta de que son un problema, es el primer paso para cambiarlos. Es importante que no solo te des cuenta de que estás teniendo estos pensamientos; sino también, que son pensamientos destructivos.

Después de identificar los pensamientos como un problema; debes tener en cuenta cuándo tienes estos pensamientos. ¿Hay momentos durante tu día o semana que traen más pensamientos negativos que otros? ¿Qué pasa con los tiempos que traen más pensamientos positivos? Cuando reconoces situaciones que están causando negatividad, puedes dar el siguiente paso hacia el cambio. El cambio comienza con el cambio de los pensamientos negativos en algo positivo. Cuando notes que surge un pensamiento negativo, detente y reformúlalo en algo positivo.

Cambiar la secuencia de comandos no es fácil e inmediato. Toma tiempo y práctica. No puedes simplemente pasar de decir "No soy lo suficientemente bueno" a "Me merezco esto y soy más que suficiente". No es tan fácil. Tómate tu tiempo y trabaja con cada pensamiento cuando brille.

Descubre tu propia autoestima, y cómo respetarla cada día.

Tu autoestima es posiblemente una de las partes más importantes de tu vida. Necesitas apreciarte a ti mismo y lo que vales. Si no lo haces; ¿cómo puede alguien más?

Primero: Debes amarte a tí mismo. No puedes esperar que nadie te respete o te ame si no lo haces.

No se conforme con malas situaciones y relaciones tóxicas. Necesitas tener más respeto por tí mismo que eso. No puedes conformarte con la situación actual y dejar de trabajar para alcanzar tus objetivos. Cuando entiendes tu autoestima y la respetas; elevas contigo mismo a quienes te rodean.

Si algo ya no te hace feliz, detiene tu crecimiento o no te sirve de manera positiva; debes honrar tu autoestima y alejarte de esa persona o situación.

Reconocer a las personas y las situaciones que ya no te sirven; es difícil y requiere una reflexión constante. Cuando te pones en situaciones y relaciones que son negativas, degradas tu autoestima y luego puedes involucrarte en comportamientos que son autodestructivos y te deprimen. Para solucionar esto; debes centrarte en sus cualidades positivas y reescribir las negativas .

Además; cuando respetas tu autoestima, es más probable que te cuides. Establecerás límites en la vida y el amor; y, si alguien no te respeta, tendrás la confianza suficiente para alejarte. Estas personas y situaciones no te afectan negativamente; porque no les das tiempo para influir en tí. Haces esto porque te respetas y te amas lo suficiente, y más que a nadie.

Vas a consentir el amor que percibes que mereces. Cuando crees que mereces un amor más grande que la vida; atraerás eso. Además; tu amor propio te permite estar orgulloso de tí mismo y de tus habilidades. Coloca tus necesidades primero; y las demás en segundo lugar. Haces esto porque te respetas y te amas a tí mismo. Reconoces que esto es fundamental para tu éxito y crecimiento. Esta es una vista poco común; pero es crítica.

Desarrolle pensamientos que afirman su núcleo, valor humano y cómo convertirlo en un hábito.

Las afirmaciones son una técnica valiosa para ayudarte a abandonar los hábitos negativos y respaldar tu autoestima humana. El simple hecho de tener algunas afirmaciones en las que puedes confiar: En un pellizco, puede ser útil.

Simplemente diciendo; "parar" no es efectivo. Cuando te das cuenta de un hábito o patrón negativo; no puedes simplemente decirte que dejes de hacerlo. De hecho; esto resultará en la reacción opuesta exacta! Esto se debe a que; como humanos, estamos programados para hacer lo que se nos dice; que no hagamos.

Tu mente subconsciente es la clave para romper tus hábitos negativos. Tus hábitos a menudo están arraigados en tu ser, y para desenmarañarlos de quién eres; debes profundizar en tu mente para volver a escribir el guión. La mayoría de las personas pasan el tiempo escuchando la conversación en su cerebro; su mente consciente; en cambio, necesitan reconocer que sus mentes funcionan sin sus atenciones. Por ejemplo: Tu cuerpo continúa respirando, circulando, sangrando y funcionando; sin tu intervención consciente. Esto es parte de tu subconsciente en el trabajo. Pero al igual que tu puedes manipular tu respiración; a pesar de que normalmente es una acción subconsciente, puedes ajustar tus otros "flujos" subconscientes. Las afirmaciones son un método para apoyar tu valor humano.

La efectividad de la afirmación.

¿Cómo quieres vivir tu vida? Escribe algunas oraciones cortas que describan lo que quieres. Pase tiempo todos los días repitiendo estas declaraciones. Cuanto más lo repitas, más se moverán de tu conciencia al subconsciente. Dos tipos diferentes de afirmaciones incluyen:

Declaraciones sin tiempo: Estas declaraciones pueden estar arraigadas y ser relevantes sin importar tu edad, u hora del día o año. Por ejemplo: "Estoy feliz y satisfecho" o "Siempre estoy creciendo y mejorando".

Declaraciones para situaciones: Estas declaraciones son para cumplir un propósito. Normalmente, estos se vuelven irrelevantes después de que se logran. Por ejemplo: "Mis problemas físicos se han resuelto y estoy sano" o "Me estoy convirtiendo en el CEO de mi empresa".

Convertir estas afirmaciones en hábitos cotidianos significa que tienes frases de "ir a" que tienen pensamientos negativos. Cuanto más los practiques, más se apoderarán de la negatividad. Simplemente no hay más espacio. Esto crea el hábito positivo y el pensamiento positivo.

El "hacer" de las afirmaciones.

A continuación encontrarás consejos sobre cómo aprovechar al máximo tus afirmaciones positivas para tu núcleo humano:

No te detengas porque no "crees" la frase; sólo mencionala de todos modos eventualmente, tu mente se pondrá al día con tus deseos.

Sea claro y conciso. Debe ser una oración breve y rápida que resuma lo que quieres.

Se positivo, incluido el tiempo. No es "voy a ..." es "soy ...". Elegir un tiempo diferente significa que sucederá en el futuro y no es tu responsabilidad actual.

De nuevo, sé positivo. Centrarse en frases y percepciones positivas; incluye cambiar cosas como "no hacerlo" o "darse por vencido". En su lugar; piensa en frases como "abrazar" o "aceptar".

Escríbelos y siéntete cómodo con cada palabra que elijas. Cada palabra debe ser positiva e impactante para tí.

Quita la emoción. No es necesario que creas en las frases todavía; así que mantén las emociones fuertes fuera de ellas.

Repite tus frases todos los días; al mismo tiempo si es posible, sin importar cómo te sientas con respecto a ellos o a tí mismo. Es importante que si los vas a convertir en un hábito, lo hagas una y otra vez.

Las afirmaciones pueden sentirse "cursis" o diferentes. Puede sentirse escéptico acerca de la efectividad y el propósito de las frases. ¡Eso está bien! Pero eso no significa que no valga la pena intentarlo por tí mismo para ver cómo funciona para tí. Date unos 30 días para guardar algunas declaraciones bien elegidas .¿Cuál es el daño de decir algo positivo; en voz alta, que quieres lograr? Es un máximo de diez minutos, pero ¿no vale la pena si puede hacer una diferencia?

Lo que debes hacer; para hacer de esto un hábito, es tomar los siguientes minutos para anotar al menos tres afirmaciones. Recuerda elegir bien tus palabras y mantenerlas positivas. Escríbelas en notecards o post-it y colócalas donde puedas leerlas y decirlas todos los días. Después de que los pongas; a la mañana siguiente, levántate y léelos en voz alta. Tal vez repítelos hasta que empieces a memorizarlos. Durante este tiempo; no permitas que los pensamientos negativos se introduzcan. Mantente enfocado en cada palabra que dices. Presta toda tu atención a las palabras que elijas. Escucha las afirmaciones mientras las pronuncias en voz alta. Mantener la emoción si es posible.

Romper con los hábitos negativos puede ser un desafío; especialmente cuando han estado encubriendo tu valor humano por un tiempo. Repetir estas afirmaciones es cómo puedes eliminar la negatividad de tu subconsciente y hacer de la positividad una parte de tí mismo; mientras lo ayuda a avanzar hacia tus metas. Se necesita paciencia y tiempo, pero hará una gran diferencia al final.

Capítulo 2.2: La belleza y la paz del amor incondicional.

¿Quieres libertad incondicional? Entonces necesitas amor incondicional. La libertad y el amor son intercambiables. Desafortunadamente; la mayoría de las personas no entienden lo que realmente significa "incondicional". Tu ego es lo que te impide entender y aceptar la idea. En la práctica; "incondicional" significa "sin restricciones"; es decir, se le ama sin condiciones.

Si hubiera una condición para amar de lo que se llamaría "amor condicional". Tienes libertad y elección, y no hay castigo por amarte a ti mismo incondicionalmente. El ego a menudo aparece de nuevo aquí; preocupado por no tener control. El control se obtiene por la presencia de repercusiones o "costo" por ser libre, amado o tener una opción.

El amor incondicional es una función internamente arraigada. Es algo que todos pueden poseer. El amor condicional es un lenguaje aprendido. Es algo que las personas "recogen" a medida que crecen y se desarrollan. Este desarrollo del amor condicional significa que somos una contradicción andante la mayor parte del tiempo. Sabemos que somos y podemos dar amor incondicional; sin embargo, nos sentimos obligados a ponerle condiciones. La belleza es que puedes reconocer las condiciones que has establecido, eliminarlas y volver al amor incondicional.

Aprendemos estas condiciones a través de la sociedad y los medios de comunicación. Aprendemos y aplicamos estas condiciones de nuestras propias familias y amigos. Nuestros encuentros y nuestro ego están tratando de "proteger" nuestro núcleo. Los mensajes de los que no eres libre para amar a quien quieres, o debes mirar de cierta manera, o hacer que una cierta cantidad de dinero erosione el amor incondicional; porque estás poniendo condiciones en él. Cuando escuchas estos mensajes en los que te dices a tí mismo que "te amarás a tí mismo cuando ..." es una condición peligrosa, y no es necesario. Presta atención a las condiciones que estás poniendo en tu amor incondicional. ¿Por qué están apareciendo?¿Es porque te educaron para pensar de esa manera, porque la sociedad te dice que debe ser así, o porque tienes miedo? Reconocer que estás poniendo condiciones; te permite dividirlas y abrazar tu amor incondicional. Tienes la libertad de elegir el amor propio sin restricciones.

Cómo encontrar lo mejor de ti y aceptarlo como positivo.

Las personas tienen una visión distorsionada de la felicidad, ya que la perciben como una condición o emoción; sin embargo, es un estado de ser. Puedes elegir ser feliz en todo momento; sin importar en qué situación te encuentres. Tus condiciones externas no necesitan determinar tu felicidad. No puedes tener nada y vivir en la peor situación, y ser feliz; por otro lado, ser completamente lujoso, satisfacer todas tus necesidades y deseos, y ser infeliz. Es tu estado de ser lo que determina tu felicidad, y eso es algo que puedes elegir por ti mismo.

Puedes encontrar la raíz de tí mismo y lo que te hace mejor. La aprobación de otros no es la manera de encontrar esta raíz. El amor de los demás es bueno; pero tampoco es necesario. Cómo descubrir lo mejor de tí mismo; no es encontrar y enfocarte en lo que "te falta"; sino más bien, en lo que tienes, que te hace tú. El mundo no te va a dar las piezas para armar tu rompecabezas. Necesitas encontrarlos dentro de tí. Aquí es donde también se encuentra tu verdadera felicidad.

Tus rasgos únicos son los que te diferencian de todos los demás. Y cada persona tiene su propio conjunto de rasgos únicos. "Todo el mundo es raro. Es lo que es "raro" lo que nos hace una persona interesante y dinámica. Si no eres raro, entonces no estás vivo ". Aceptar esta "rareza" acerca de uno mismo; es lo que puede llevar a una felicidad innata todo el tiempo. Además; aceptar tus mejores rasgos significa que estás apreciando tus habilidades; por lo tanto, fortaleciendo tu confianza en tí mismo. También estás aprendiendo a amar quién eres, y todas las cosas divertidas que te hacen ser la persona que fuistes ayer, eres hoy y serás mañana. Este amor propio construye tu autoestia. Todo esto está interconectado.

Para poder apreciar tus rasgos únicos; necesitas cuidarte a tí mismo. Necesitas reconocer que la felicidad está dentro de tí, no proveniente de otra fuente. Las decisiones que tomas y las acciones que tomas; se relacionan directamente con tu felicidad, pero todas están bajo tu control porque fue tu elección. Para ayudarte a adoptar positivamente tus mejores rasgos, intenta seguir los pasos a continuación:

Elegir ser feliz. Primero debes decidir que quieres ser feliz y tener una alta autoestima y confianza en tí mismo. Antes de hacer cualquier otra cosa; debes darte permiso para ser feliz desde adentro hacia afuera. Este es el primer paso para cambiar el estado de ánimo que dices que necesitas tener; cosas o relaciones para ser feliz. Puedes elegir ser feliz sin importar qué, porque eres tú. En una hoja de papel, escribe lo que significa ser feliz para tí y su definición. No lo busques en el diccionario; anota cómo te sientes acerca del estado de ser feliz. Escribe cualquier cosa que te recuerde ser feliz. Tal vez surgen a menudo ciertas situaciones que te hacen sentir alegre. Tal vez sea cierta música o caminar afuera. Lo que sea que te dé esa sensación de ser feliz, anótalo con tu definición. Cuando surja la negatividad; no dejes que continúe, solo tienes tiempo para pensamientos positivos en este momento.

Imagínate a ti mismo siendo feliz todo el tiempo. Imagina usar tus habilidades para cumplir tu propósito. Imagina hacer las cosas que te hacen positivo y feliz. Trae tantos detalles en tu imaginación como sea posible. Intenta atraer tus sentidos a la visión que estás creando. ¿Cómo huele, suena y se siente? ¿Qué personas o lugares ves? ¿Cómo te ves y qué llevas puesto?¿Te ves igual o diferente a como lo haces ahora? En otra hoja de papel; anota los objetivos que te llevarán a esa visión. Estos pueden ser grandes logros o pequeñas tareas que debes completar para llegar allí. Asegúrate de escribir lo que escribas, usa tus habilidades a su máximo potencial y eliges la felicidad en cada paso. Si comienzas a pensar en lo que otras personas han dicho o han dicho sobre el camino que deseas tomar, deja que pase; porque solo tienes espacio en este momento para objetivos positivos y felices.

Cultiva tu felicidad haciendo elecciones que la expresen y la desarrollen. Piensa en las elecciones que haces como ejercicio de tu felicidad. Cuando te enfrentes a una decisión durante el día; determina si te acercará o te alejará de tu felicidad y tus metas. Si vas a hacer uno o ambos; entonces necesitas alejarte de él. Además; necesitas cambiar tu visión del mundo; de pesimista a optimista. Simplemente cambiando de negativo a positivo puedes comenzar a fomentar un sentido de felicidad; incluso antes de que lo sientas. Cada vez que tengas un pensamiento negativo en tu mente, cámbialo conscientemente a algo positivo. No es necesario cambiar la intención del mensaje; solo la forma en que se entrega el mensaje. Por ejemplo: "no eres lo suficientemente bueno" se puede convertir en "tienes la oportunidad de aprender una nueva habilidad para que puedas sobresalir en este desafío". ¿Cómo puedes obtener lo que necesitas para avanzar con esto? La misma intención, mensajes diferentes.

Olvídate del desastre y perdónate a ti mismo. ¡Los humanos cometen errores, y pueden cometer algunos bastante grandes! ¡Perdónate a ti mismo! No importa qué tan grave fue tu error, eres humano y esto les pasa a todos. Tu pasado es un maestro, no un verdugo. Aprende de lo que pasó y crece hacia adelante. No te sumerjas en el dolor del pasado mientras sacrificas un presente y un futuro prometedores. Igualmente; perdona a los demás por sus errores. No importa cuán grande fue su error, ofréceles amor incondicional. También son humanos y están imaginando este paseo también. No es necesario que les dés la oportunidad de cometer el mismo error otra vez; pero puedes dejar de lado tus sentimientos negativos hacia ellos. El perdón no es para la otra persona; sino para tu propia felicidad. Es una liberación de tu control sobre tu estado de ser.

Se agradecido por todo. No pierdas tiempo enfocándote en el pasado o deseando el futuro. Reconoce que lo que tienes en este momento; es un producto del pasado y lo estás guiando a un futuro increíble; así que, se agradecido por todo lo "bueno" y lo "malo" en el camino. Dedica un tiempo a enumerar todas las cosas únicas que te hacen ser quien eres hoy. Piensa en todas tus peculiaridades y rasgos; junto con habilidades y talentos. Cuando hayas hecho tu lista, lee cada línea y dí a tí mismo; gracias por tener esta habilidad que me hace ser, quien soy hoy.

Parte de este proceso es sanar tu diálogo interno y reformular tu mensaje para que sea uno de amor y felicidad. Muchas personas usan la meditación para ayudarlos a lograr estos pasos; porque les ayudan a enfocar su atención en el mensaje que desean transmitir. Además; ayuda a identificar rasgos que antes no estaban iluminando y que son positivos para tu ser. Otra forma es hacer elecciones conscientes. Presta atención a tu estado de felicidad en situaciones. Si te hace feliz; hazlo. Si no te hace feliz; no te comprometas o abandones. Las personas pueden necesitar ayuda en su vida; pero no debería costarles su propia autoestima. Esto solo dañará a los dos.

En su lugar; toma decisiones que apoyen a la persona en necesidad; que también te apoyan a tí.

El proceso de encontrar tus mejores rasgos internos y apreciarlos; no siempre es fácil. También puede ser un territorio aterrador e inexplorado. ¡Eso es normal! Solo recuerda por qué te estás mirando a tí mismo de esta manera y continúa trabajando hacia la felicidad. Y si tienes demasiados problemas para resolver esto por tu cuenta; busca a alguien que pueda ayudarte a descubrirlo. ¡No hay nada de malo en buscar ayuda profesional para ser feliz!

La importancia de apreciar tu cuerpo por la forma en que es.

El "cuerpo perfecto" tiene algunos estándares increíbles e irreales para vivir. Simplemente; haz una búsqueda rápida en Google y encontrarás algunas imágenes retocadas y falsas, o listas extensas y contradictorias. Todos estos mensajes son una influencia negativa en tu autoestima. En una encuesta reciente; más del 80% de las mujeres y el 40% de los hombres en los Estados Unidos se sentían descontentos con su cuerpo. Indicaron que sentían la necesidad de cambiar de alguna manera. Las niñas estadounidenses se sienten descontentas con su cuerpo alrededor de los 13 años, y más de la mitad de ellas; quieren cambiar algo sobre ellas mismas. Cuando llegan a los 17 años; casi el 80% de las chicas se sienten así.

Buda lo dijo bien: "Tu cuerpo es precioso. Es nuestro vehículo para despertar. Trátalo con cuidado. Desafortunadamente, la autoimagen y los mensajes negativos significan que no lo estamos tratando con cuidado y no se nos alienta a hacerlo en esta sociedad actual. La sociedad hace que muchas personas sientan que necesitan cambiar su cuerpo para sentirse mejor consigo mismo; pero no importa la frecuencia con la que haga ejercicios o lo que haga, solo experimentará una positividad de corta duración antes de que sienta que necesita volver a cambiar. .

Apreciar tu cuerpo; como la forma en que no se trata de cambiar tu cuerpo para que se ajuste a una imágen; sino más bien, cambiar cómo te sientes con respecto a la imagen de tu cuerpo. A veces; esto significa conectarse con tu cuerpo y aprender a amarlo con todas tus peculiaridades y características. Cómo ves; tu cuerpo está en el centro de tu autoestima. Es vital para tu felicidad en general. Pero; encontrar esta aceptación no es un proceso fácil.

Al igual que aceptar todo tu ser; aceptar tu cuerpo significa que debes perdonar a tu cuerpo por no ser "perfecto" como las fotos de la revista. Estas son normas poco realistas en las que probablemente has estado sujetando a tu cuerpo; tomando decisiones perjudiciales y negativas para tratar de hacer que tu cuerpo se ajuste a esta norma. Necesitas perdonarte a tí mismo y cambiar tu enfoque en lo que es genial acerca de tu cuerpo.

Una vez más; al igual que tu personalidad, tienes características únicas que te convierten en tu propio cuerpo. Busca estos rasgos y aprende a amarlos. Concéntrate en cómo funciona y funciona tu cuerpo. Practica el diálogo interno positivo cuando te refieres a tu cuerpo. Sé amable y perdona a ello. Cuanto más te concentres en lo que tu cuerpo puede hacer; en lugar de cómo se ve, comenzarás a aceptar tu cuerpo tal como es. Lleva tiempo; como cualquier mal hábito convertido en bueno, pero conducirá a la apreciación. Es posible que todavía no estés celebrando tu cuerpo; pero estás llegando al punto de disfrutar de todos los rasgos independientes que ofrece.

¿Por qué necesitas amarte y apreciarte a tí mismo?.

Hay muchas razones por las que necesitas amarte y apreciarte a tí mismo:

- Nadie sonríe como tú.
- Nadie se ríe como tú.
- Es perjudicial y negativo querer ser otra persona.
- Los demás no pueden amarte más de lo que tú te amas.
- Nadie puede usar tu piel.

- No importa quién entre o salga de tu vida, tú eres la constante.
- Es más fácil usar lo que tienes; que algo que no.
- Te vuelves más atractivo para los demás cuando te amas a tí mismo.
- Odiarte a tí mismo; es demasiado difícil.
- Tu ADN es único para tí.
- Lo que crees que es una debilidad o un fracaso; es realmente algo que te ayuda a crecer.

La importancia de ser consciente y compasivo contigo mismo y con los demás.

Hay una gran variedad de revistas neurocientíficas que se han publicado; destacando los muchos beneficios de la atención plena y la compasión. Por ejemplo: cuando practicas ser más compasivo, estimulas áreas específicas de tu cerebro que se conectan con el estado mental de otras personas. Cuando eres compasivo, eres más amoroso contigo mismo y con los demás. Las pruebas revelan que esto ocurre porque realmente reconectas tu cerebro cuando meditas conscientemente y con compasión.

La compasión y la atención plena no solo benefician a los demás; sino que también benefician, tu capacidad para combatir los trastornos mentales, como la depresión. Esto; a su vez, puede minimizar los comportamientos de arrinconamiento: Como la violencia, la intimidación u otras agresiones. De hecho; va más allá de simplemente prevenir comportamientos negativos, sino de desarrollar relaciones sanas y elecciones positivas. Hay una variedad de recursos que puedes emplear para desarrollar esta práctica, pero no importa cómo elijas practicar la atención plena y la compasión, puedes esperar obtener algunos beneficios importantes de la misma.

El diario puede revelar el camino hacia la autocompasión, el amor propio y la aceptación.

Otro método para encontrar el amor propio y la compasión; es escribir un diario. De hecho; muchas personas comienzan en este paso para encontrar su autocompasión. Al igual que la meditación; el diario también se ha estudiado a menudo y muestra varios beneficios. Una de las razones principales por las que funciona el diario es porque se revela a través del trabajo lógico y objetable desde el lado izquierdo de tu cerebro.

Para ayudarte a comenzar tu diario de amor propio, autocompasión y aceptación, comienza con algunos de los siguientes temas:

¿En qué te felicitas más? ¿Crees que vale la pena elogiar?

Cuando te vayas, ¿qué quieres que recuerde la gente?

Anota cinco rasgos que te encantan de tu cuerpo, mente, personalidad o habilidades. No pienses en lo que otras personas dicen; mantente enfocado solo en lo que crees que son tus mejores cualidades.

Describe tu modelo a seguir más valioso en tu vida y por qué los admiras. ¿Reconoces algunas de tus cualidades en tí mismo?

¿Cuáles son algunos de los logros más importantes que has tenido en tu vida hasta este momento?

¿Cómo puedes cuidarte mejor ahora mismo?

¿Cuáles son algunas cosas que puedes implementar en tu rutina diaria que honran y respetan tu cuerpo?

¿De qué es algo de lo que estás increíblemente orgulloso? Esto puede ser grande o pequeño; pero asegúrate de describir lo que sucedió y por qué te sientes orgulloso.

¿Conoces tu vocación o propósito en la vida? Si aún no lo tienes definido, ¿qué puede hacer para ayudarte a encontrarlo? ¿Cuáles son algunas ideas que tienes alrededor de tu propósito?

¿Por los eventos de tu pasado; por los que estás agradecido por su papel, en dar forma a quién eres hoy? ¿Por qué esos eventos fueron tan impactantes en tu vida.

Capítulo 2.3: El amor en acción.

El proceso natural de crecimiento y desarrollo.

Todos los humanos se desarrollan; pero no todos crecen. Pero todo crecimiento debe venir del desarrollo. Por ejemplo: Estás envejeciendo todo el tiempo; pero esto no significa que estés creciendo emocionalmente. Te estás desarrollando físicamente; pero eso no significa que estés creciendo mentalmente. La experiencia en la vida y las lecciones con la edad; son necesarias para ciertas etapas de crecimiento, y no se pueden aprender antes de cierto punto; pero eso no significa que el crecimiento siempre ocurra. Por ejemplo: Hay cosas que las personas solo necesitan experimentar para aprender, y luego poder mirar hacia atrás más adelante, en la vida para aprender.

El proceso de experimentar lleva tiempo. Si eres consciente de esto o eres lo suficientemente maduro en tu etapa de la vida; entonces, puedes usar estas experiencias como lecciones y luego crecer. Comprender el proceso natural de crecimiento y desarrollo es un método para ayudarte a saber qué debes hacer a cada edad para seguir creciendo "de manera apropiada". Con este entendimiento; tú tienes otra herramienta para ayudarte a comprender, dónde te encuentras en este momento actual, exactamente como deberías estar. También puedes ayudarte a definir objetivos que sean realistas y apropiados para tu etapa de desarrollo.

Hay seis etapas amplias de la vida para el crecimiento y el desarrollo. Esto no es relevante para el desarrollo infantil; sino, más bien para jóvenes o adultos de mediana edad.

Etapa 1: Dependencia.

Los años anteriores a la edad adulta están marcados con el entrenamiento de supervivencia. La mayoría de los adultos crecen más allá de esta etapa a la edad de 20 años; sin embargo, a veces puedes encontrar adultos aún inseguros acerca de cómo lo lograrán por sí mismos. Los rasgos de una persona altamente dependiente incluyen la incapacidad de cuidarse a sí mismo, la incapacidad de mantener un trabajo y son socialmente incómodos. A veces no saben cómo comerán ese día y no tienen planes para el futuro. La acción pro; está ausente.

Etapa 2: El poder es personal.

Los adultos en esta etapa están descubriendo dónde encajan en el mundo. Estos adultos suelen tener entre 20 y 30 años. Esta es la fase "adulta" más común para comenzar. No se trata de cómo sobrevivir; sino, de cómo convertirse en parte de la sociedad. Las preocupaciones como: La educación, el desarrollo financiero, las amistades y otras relaciones; y avanzar en una carrera y / o grupos sociales, son importantes. Los rasgos de una persona en la etapa dos, incluyen una preocupación por el poder, una mentalidad de ganar / perder, ansiedad y control. La mayoría de los libros de autocuidado están dirigidos a este grupo de adultos.

Etapa 3: Sentimiento de pertenencia.

Los adultos de mediana edad a adultos mayores; comienzan a superar la ansiedad de encontrar un lugar en la sociedad y relajarse en la estabilidad de su situación. Los adultos en esta etapa comienzan a conectarse más con la comunidad. Además; muchos adultos han comenzado o están comenzando una familia propia. La crianza de los hijos conduce a una mayor participación de la comunidad en lugares como: La Iglesia o la escuela. Típicamente; los adultos en la tercera etapa de desarrollo tienen entre 30 y 35 años.

Etapa 4: Entendiendo el Ser.

Pasando a la adultez tardía; entre los 35 y 45 años, la mayoría se convierte en una auto-reflexión más profunda. En esta etapa, los adultos comienzan a buscar lo que realmente valoran en la vida y lo que es importante para ellos. Si bien es un tiempo de exploración personal; puede llevar a una crisis. Si no vive de acuerdo con sus valores, puede tener un momento de ansiedad por lo que ha estado haciendo durante todos esos años anteriores. Otro resultado es una minimización de las interacciones sociales. Cuando un adulto en esta etapa descubre lo que es importante para ellos y lo que más valoran, comenzarán a vincularse con otros que comparten valores similares, dejando de lado las relaciones que no están alineadas.

Etapa 5: Cumpliendo Su Propósito.

Entre los 45 y los 65 años, la mayoría de los adultos comienzan a encontrar y trabajar para lograr su propósito. Esto viene después de largos periodos de búsqueda interna y clarificación de valores personales. La mayoría de los adultos en esta etapa; se sienten cómodos con su situación social y lugar en la comunidad. También reconocen y subrayan los aspectos importantes de la vida.

Etapa 6: Aceptarte a tí mismo.

Esta es la etapa final de desarrollo para la mayoría de los adultos mayores de 65 años. Este es el momento más pacífico y aceptable de la vida. Es uno de los estados de desarrollo más raros; pero es algo que más se esfuerza o desea. Es cuando un adulto se siente cómodo siendo quien es y acepta su cuerpo por lo que es. El conflicto es innecesario y se establece estar contento en situaciones sociales y de otro tipo. Normalmente; las personas en esta etapa muestran libertad de expresión, honestidad y comprensión de que la muerte se está acercando sin la sensación de temor o presentimiento.

Reconocimiento de la falsedad y de la perfección.

Esta es una verdad simple; que es importante aceptar temprano y recordarse a menudo: La perfección no es real. El objetivo de la perfección es inalcanzable y no hay ningún ejemplo en el que puedas convertir la verdad que sea verdaderamente perfecta. El problema de esforzarse por lograr la perfección es que conduce a odiarte a tí mismo, a los trastornos de la alimentación, a quemarse y a sufrir averías. No obtendrás recompensa, te frustrarás y es completamente subjetivo. Todos tienen una visión diferente de "perfecto"; pero no importa la vista, es una mentira.

Trabajar hacia la perfección significa que siempre sentirás que no eres lo suficientemente bueno. Serás inferior a tus proyecciones y sin esperanza; porque nunca podrás obtener este estado ideal. Es una cruel "tortura" que te haces a tí mismo; con la ayuda de los medios de comunicación y la sociedad. En lugar de luchar por la perfección, acepta que no existe tal cosa. Nadie es perfecto y nadie lo será. Nada es perfecto y nunca lo será. A pesar de que no hay nada perfecto; todavía hay mucho que amar y apreciar. Tus imperfecciones son las que te hacen a tí, y son increíbles.

La perfección no es maleable. Es rígido y estoico. Las imperfecciones; por otro lado, se pueden moldear. Puedes apuntar a mejorar las cosas. Puedes conectarte con alguien cuando cometes un error; porque tampoco eres perfecto. Puedes aceptar que tu carrera no es perfecta cuando tu jefe hace algo irritante o la oficina toma una decisión que crees que está mal. La presencia de la imperfección es la presencia de la oportunidad. La perfección es la ausencia de elección, relación y crecimiento. También es una negación de que no existe una madre perfecta, jefe, carrera, atleta, líder, etc.

Otra forma de pensarlo; es que cuando buscas la perfección en tí mismo y en tu entorno, vives en un mundo de fantasía y ficción. No hay nada realmente allí. Cuando te basas en la realidad; reconoces que la imperfección está a tu alrededor y es lo que hace que este mundo sea hermoso. Agarrar la realidad es importante para el éxito y la felicidad, y aceptar las imperfecciones en tí mismo, en los demás y en tu entorno; es un paso importante en el proceso.

Cómo abrazar tus imperfecciones y verte a ti mismo a través de los ojos del amor.

La perfección es falsa; entonces, ¿cómo empiezas a aceptar que eres imperfecto y ves esas imperfecciones como "buenas"? Puedes comenzar desde el principio; en serio. Piensa en cómo todo el mundo necesitaba conspirar para hacerte vivir y respirar como humano. El proceso desafía la ingeniería humana; pero sucede, y te hizo. Esto en sí mismo; significa, que eres bastante especial y, a medida que te desarrollas y creces, solo te vuelves más especial y único.

Muchas personas permanecen atrapadas en el remolino negativo de la autoestima y luchan por la perfección; mientras desean permiso para aceptar sus imperfecciones y sienten que son suficientes. Pero consideremos por un momento la imperfección que se encuentra en la naturaleza. Un lugar donde la perfección debería ser lo más natural, todavía hay imperfecciones rampantes. Y esas imperfecciones son las que hacen que la naturaleza se desarrolle, crezca y se adapte. Ahora considera cómo tus propias imperfecciones están vivas en tí mismo, y cómo han jugado un papel en tu crecimiento y adaptación pasados. Sin esos elementos; tu no serías la persona que eres hoy; ya sea que te veas, como buena o mala.

No hay errores. No hay ningún problema en tener algo "mal" contigo. Hay algo malo en no intentar mejorarte a tí mismo; pero no hay nada malo en tener algo "incorrecto" que deba solucionarse. Estos son dos conceptos diferentes. Pero al igual; que estás trabajando en la mejora, estás trabajando en Crecimiento también, que evolucionan. Así que lo que hay hoy en día; no va a estar allí mañana; y lo que eres mañana, no va a estar allí al día siguiente. Si algo te está molestando hoy; puedes mejorarlo para que no esté allí, al siguiente día. Se amable contigo mismo y tus imperfecciones; ya que son una parte de tí también, al igual que los buenos. Sólo son lecciones, para aprender y evolucionar.

Si tienes problemas para abarcar esto en tí mismo; intenta desarrollar esta filosofía y aplicarla a los demás. A veces es difícil ver la belleza en nuestras propias "grietas"; pero se puede ver fácilmente en otros. Tómate el tiempo para fomentar este punto de vista de los demás; para que puedas practicarlo en tí mismo hasta que sea más fácil.

Para ayudarte a convertirte en una mejor aceptación de tu yo real; considera lo siguiente:

La imperfección es real y hay que abrazarla. No te escondas de tus defectos; entonces nunca podrás mejorar.

La oportunidad está en el desafío. A lo largo de este viaje; estás enfocado en mejorarte a tí mismo. Parte de esa superación personal, consiste en encontrar una oportunidad para mejorarte a tí mismo. Los desafíos y las imperfecciones te dan esto.

El aprendizaje viene de una variedad de profesores. No hay una sola fuente que se ajuste a todas las personas en su búsqueda del amor propio. Es importante que explores, diferentes métodos para ayudarte a crecer: Como la meditación, el diario y más.

Siempre estás "aprendiendo" y nunca "fallas". Incluso cuando tomas una decisión equivocada o cometes un error; no es un fracaso. Estas experiencias pueden enseñarte algo. Son lecciones, y las lecciones nunca son fracasos.

La aprobación no es necesaria. Debes centrar toda tu atención en aprender y crecer. Si pones la aprobación por encima de esos; entonces arriesgas tu crecimiento.

El resultado no es tan importante como el proceso. Una vez más, el aprendizaje es la parte más importante de todo. No importa lo que suceda al final del proceso; ya que habrás experimentado todas las lecciones en el camino y el resultado; es solo otra de las lecciones.

La velocidad no es indicativa de crecimiento. De hecho; una lección que es rápida a menudo no es tan buena como una lección tomada a lo largo del tiempo. Necesitas aprender por completo de las situaciones, lo que significa, que debes aprenderlo con el tiempo.

Desarrolla tu propósito. Es posible que no sepas los detalles de tu propósito en este momento; pero reconoce que tienes uno. Cuando abrazas el crecimiento hacia lo que estás "destinado" a hacer; apoyas tu propósito, que el desarrollo y el crecimiento, te revelarán con el tiempo.

Date tiempo para reflexionar. Cada día; dedica tiempo para pensar en lo que ha ocurrido. Piensa en quién eres y en lo que estás haciendo. Asegúrate de tomar decisiones de acuerdo con tus propósitos y valores.

Posee tu actitud. Posee tu crecimiento. Posee tu propósito. Y posee tus imperfecciones. Y cuando seas dueño de todo esto; siéntete orgulloso de quién eras, eres y en qué te estás convirtiendo.

Conozca sus rasgos de carácter.

Hay cuatro personalidades o personajes principales. Cada uno tiene su propio conjunto de rasgos. Esta es la razón por la que serás diferente a los demás; y por qué haces "clic" con algunas personas y no con otras. Las cuatro personalidades son introvertidas, extrovertidas, orientadas a tareas u orientadas a las relaciones. A continuación se presentan los rasgos para cada personaje:

Introvertido:

- Drenado en configuraciones grupales.
- Retirandose.
- Reversión prudente bajo estrés.
- La comunicación es deliberada.
- El discurso es más lento.
- Los movimientos son cuidadosos.
- Las opiniones se comparten con un grupo reservado.
- No le gusta el conflicto.

- Paciente.
- Escucha bien

Extrovertido:

- Los grupos los energizan.
- Siempre avanzando, especialmente en situaciones estresantes.
- Impulsado por la ira.
- Siempre comunicándose y normalmente hablamos primero.
- Discurso rápido.
- Movimientos rápidos.
- Abierto a compartir opiniones.
- No evita el enfrentamiento.
- Tiene problemas para escuchar

Tarea orientada:

- Vestido formal.
- Charlas sobre temas de actualidad.
- Se centra en las tareas actuales.
- Postura corporal rígida.
- Expresiones faciales controladas.
- Actitud seria.
- Guarda las emociones y las mantiene "controladas".
- Me gusta datos y hechos.

- Evita las pequeñas charlas.
- Toma decisiones basadas en hechos.
- Respeta el tiempo y las reglas.
- Difícil de conocer.
- Aparecen preocupados

Relación orientada:

- Vestimenta informal.
- Historias y personas son los temas de discusión.
- Postura corporal relajada y expresiones faciales.
- Actitud juguetona.
- Abierto a compartir sus emociones.
- Disfruta charla pequeña.
- Toma decisiones desde la "tripa".
- No respeta un tiempo.
- Aplicación lúcida de las reglas.
- Despreocupado y fácil de conocer.

Cómo perdonarse a sí mismo y a los demás; y por qué es importante para el amor propio.

Hay varios beneficios científicos para perdonar. De hecho, el Dr. Frederic Luskin, Director del Proyecto de Perdón de la Universidad de Stanford, publicó ese perdón

- Mejora la confianza.
- Llena la esperanza.
- Mejora el optimismo.

- Disminuye la depresión.
- Reduce el estrés.
- Reduce la ira.

Cuando alguien perdona a otro; a menudo tienen relaciones más sanas, menos enfermas y más sanas en general. Esto sucede porque el acto de perdonar desencadena respuestas físicas en tu cuerpo; como una presión arterial más baja, ayuda al sistema inmunológico, un mayor sentido de sí mismo y menos estrés. Puedes ayudarte a perdonar usando lo siguiente:

- Dáte el perdón
- Deja de pensar en el pasado, se acabó. No puedes cambiarlo.
- Cuando hicistes lo que hicistes en el pasado, hicistes lo que pensastes que era lo mejor y lo mejor que pudistes.
- Identifica tu mayor arrepentimiento y trabaja a través del dolor de esa situación. Deja que los arrepentimientos más pequeños se estanquen mientras aborda el más grande, uno a la vez.
- Recuerda que eres una buena persona; que tienes valores fundamentales fuertes y que una acción que no se alineó con tu verdadero ser no te define; sino, que es simplemente un error en este momento.

- Reflexiona sobre cómo harías algo diferente, una imágen de cómo lo hicistes de otra manera, y luego déjalo ir.
- Reconoce que cometiste un error y date permiso para seguir adelante.
- Recuerda que eres humano y que todos nos equivocamos en algún momento. Después de una caída; todos debemos cepillarnos y comenzar de nuevo, esta vez es tu turno de hacerlo.
- Dar perdón a los demás
- Piensa en cómo has lastimado a otros en el pasado y quién te ha perdonado. ¿Cómo se sentirías si no te hubieran perdonado?
- Perdonar no es lo mismo que olvidar. Puedes dejar de lado la ira y el dolor, pero aún así recordar la escena.
- No ofrezca el perdón en beneficio de la otra persona. El perdón es una acción personal y es para tu beneficio más que el de otra persona.
- Perdonar no es lo mismo que eliminar consecuencias. Es aceptable todavía responsabilizarlos por sus acciones.
- Usted también comete errores. Eres humano, al igual que la persona que te lastimó. La perfección no existe.

- Considera la situación o el punto de vista de la otra persona. A veces; lo que hicieron fue realmente la mejor decisión en ese momento, incluso si te duele.
- Tómese el tiempo para perdonar. No suele suceder de inmediato.

¿Qué son los "placeres sanos" y cómo puedes experimentarlos mejor?.

Un "placer saludable" es algo predecible y regular. Las acciones típicamente involucran a la familia y amigos cercanos. La razón por la que estos placeres son tan importantes es que te ofrece la reducción del estrés. Impulsa interacciones significativas, comunicación abierta, unión y nutrición de autoestima. Afortunadamente; la mayoría de los placeres saludables no cuestan mucho dinero, en todo caso. Son elegidos para beneficiar y entretener a todo el grupo y son de bajo estrés. El objetivo es disfrutar de la experiencia y encontrar alegría en el evento. Incluso las "tareas mundanas" o "rutinarias" pueden ser un placer saludable si se las aborda con esta mentalidad. Lavar los platos puede ser tan placentero como jugar un juego afuera si se lo aborda con esto en mente.

No importa la actividad en la que participes; hazlo con el objetivo de ser feliz, alegre y placentero para todos los involucrados. Por supuesto; algunas actividades son más ideales para este tipo de acciones que otras. Algunos de los mejores incluyen:

Comidas familiares. Puedes comenzar con la preparación y terminar con la limpieza. No solo tiene que ocurrir en la mesa. Habla sobre el día y las cosas que se avecinan. Haz que todos hablen si quieren.

Rutina. Establecer tiempos predecibles para las acciones reduce los niveles de estrés. Menos estrés significa más felicidad y disfrute.

Observar los rituales. Dáte a tí y a tu familia un lugar donde sientan que pertenecen. A veces los entornos religiosos ofrecen esto; mientras que otros lo encuentran en otros grupos de interés. Pueden ser formales o informales. Proporciona un lugar seguro para ser uno mismo y obtener apoyo cuando las cosas no salen según lo planeado.

Conectar con más personas. Comunícate con tu familia extendida. Hacer amigos. Esto amplía los horizontes y expande las percepciones. También ayuda con la resolución creativa de problemas.

Qué hacer cuando las cosas no salen según lo planeado.

Tu planeas reflejar, aceptas, pero aún así, no experimentas el éxito. Tienes el mejor camino hacia tu propósito; pero algo sucede que te descarrila. No reacciones de forma exagerada, sé paciente. Las cosas se pondrán mejor. Hay otra opción. Puedes adaptarte. Cuando te encuentres en esta situación, considera los siguientes pasos para ayudarte:

Mantente flexible. Mantén la calma, toma una respiración profunda, toma un descanso de media hora. Distráete durante ese tiempo para que puedas volver a la situación con mayor claridad.

Define tu decepción. Date permiso para ser "arrastrado". Dilo en voz alta o escríbelo. Decide por qué te molesta y por qué no fue conforme al plan. Encuentra una lección en la situación.

Averigua qué se extravió. Intenta ser objetivo. No culpes a nadie; especialmente a ti mismo. Manténte claro sobre la situación, sin emoción. Si no puedes separarte de la situación, obtén una perspectiva externa. Si eso no es posible, haz una lista "Pro / Con".

Determina lo que esperabas y cómo se desvió. Tal vez entraste con una percepción inflada o eras demasiado rígido. Considera reafirmar tus metas para redefinir tus expectativas.

Decide a dónde irás ahora. Haz una elección y quédate con ella. No pierdas la confianza en tí mismo o la autoestima. Puedes aprender y seguir adelante.

Recuerda que el pasado es una lección o una guía; no es algo que lamentar. No puedes cambiarlo; solo puedes avanzar después de aprender la lección.

¡Nunca te rindas! Sé resistente. Reescribe lo negativo para ser positivo.

Por último; no tengas miedo de pedir ayuda. Habla con una fuente confiable para ayudarte a resolver todo. Habla con múltiples fuentes de confianza. No sólo habla sobre el problema; sino por lo que te preocupa y cómo te sientes también.

Capitulo 3: El éxito es la recompensa para la confianza en sí mismo

Capítulo 3.1: El poder de la visualización.

El Proceso y los Principios Fundamentales de la Visualización.

Tus acciones tienen un objetivo que las conduce. Estos objetivos pueden ser grandes o pequeños, y tú puedes tener una definición clara o incluso no reconoces que hay un objetivo que te guía. No importa el objetivo; el objetivo es tu fuerza de guía para las acciones que realizas. El objetivo te asegura seguir trabajando en la mejor dirección. El trabajo duro y la determinación te llevan allí; pero el objetivo es la brújula.

El problema de tener un objetivo sin los medios para alcanzarlo es que te mantengas fijo en el objetivo. Comienzas; pero no puedes verlo hasta el final. Los "medios para el fin" pueden ser casi cualquier cosa: Como dinero, habilidades o agallas. También hay "medios para una búsqueda trivial sin fin". Estas son excusas que te impiden obtener lo que deseas; como estar demasiado ocupado, impacientarte o temerle al éxito. Es cierto que todo el mundo se enfrenta a "medios para un fin", pero es cómo respondes a aquellos que determinan tu capacidad para alcanzar tu objetivo o no.

Tú creencia en tu objetivo; se deriva de tu capacidad para ver que el objetivo se haya completado antes de que realmente lo sea. Desarrollas una imágen en tu mente del resultado final, y luego crees que puede ser una realidad. Esta imágen mental es la visualización. Desarrolla el resultado que deseas y ve en tu mente cómo lograrlo. Estás imaginando en detalle; cómo quieres que sea tu futuro. Este visual te motiva y te prepara para ir tras tus metas.

La visualización no es un truco "hippie, dippy" o confuso; es una técnica que es empleada por innumerables individuos exitosos, es estudiada constantemente por varios investigadores y científicos, y tiene docenas de artículos de revistas e informes; que muestran por qué es una herramienta poderosa para emplear. La evidencia científica abarca desde mejoras médicas y de salud; hasta la mejora del rendimiento físico. Las técnicas de visualización utilizadas por los atletas; por ejemplo: han demostrado no solo mejorar el rendimiento; sino también la concentración, la motivación y la coordinación. Otros participantes del estudio mostraron un aumento en la relajación y reducción de la ansiedad y el miedo.

Para aquellos que sigan la NBA y conozcan el poder de influencia que pueden ejercer las estrellas deportivas; reconocerán el nombre de Jerry West o "Sr. Clutch ", e incluso posiblemente, ya sepas su éxito en el uso de la visualización en su juego. Le dijo a los reporteros que podía hacer los disparos "imposibles" porque practicaba los disparos una y otra vez en su mente. Además; otros atletas como Roy Halladay, Tiger Woods, Larry Bird y Michael Jordan comparten cómo la visualización los ayudó a convertirse en grandes, en lo que hacen.

La razón por la que funciona la visualización tiene que ver con las neuronas del cerebro. Estas son células que mueven información alrededor del cuerpo y también interpretan imágenes en acción. El acto de visualización envía un mensaje al cerebro para que actúe. Aunque no es una imagen o acción "real", tu cerebro piensa que lo es. Esto desarrolla nuevos caminos para que las neuronas viajen. Esto significa que tu estás desarrollando nuevas "vías habituales" en el cerebro. Estás "pavimentando" la forma de cambiar tu rumbo. Luego; cuando el cerebro termina de interpretar la visualización, envía el mensaje al cuerpo de que es hora de actuar en consecuencia. Mientras que tu cuerpo no hace nada físico exterior, tu cerebro está trabajando duro dentro de tu cabeza; mientras estás sentado pensando.

La visualización es una herramienta que cualquiera puede usar y aprovechar. No es necesario ser un atleta de fama mundial para obtener los beneficios; aunque si ese es tu objetivo, quizás te encuentres en el mismo camino.

No importa tu objetivo; sin embargo, lo que importa es que estás imaginando cómo lo vas a alcanzar. Esto te mantiene unido y motivado para alcanzar tu meta, y también aumenta la probabilidad de lograrlo. Puedes ver tu objetivo e incluso ver cómo llegarás allí. Es un hermoso proceso que entrena tu cerebro para mantenerte preparado para el éxito.

Poder "sumergirse" de nuevo en este aspecto visual cada vez que tengas un contratiempo o un obstáculo es extremadamente beneficioso. La imagen mental que creas; es un refuerzo positivo de lo que realmente deseas para el largo plazo, no solo el aquí y el ahora. Por ejemplo: en el momento presente, es posible que desees un pedazo grande de pastel y una taza de café fuerte con azúcar; pero recuerda tu estado visual de buena salud y peso corporal y te concentras en tu objetivo, superando el límite: Tentación de las golosinas.

El acto de visualización no significa que tendrás éxito todo el tiempo. Tampoco es una herramienta que te libera del trabajo duro. Todavía necesitas practicar y poner el tiempo. Debes ser diligente y hacer un esfuerzo constante, además de dedicar tiempo a visualizar cómo y qué deseas. Cuando reúnes todas estas piezas; puedes ver por qué la visualización es otra pieza poderosa del rompecabezas que te ayuda a crear el resultado deseado o alcanzar tus objetivos.

¿Por qué es importante la visualización?.

Cuando quieras hacer un cambio en tu vida; especialmente si es grande, puedes usar la visualización. También puedes usarlo para ayudarte a reescribir tu autoimagen, autoestima y confianza en tí mismo; si encuentras alguno de ellos fuera de balance. Otro beneficio de la visualización es que no crees en ella para que funcione. Puedes obtener resultados más rápido si te comprometes y te involucras con tu práctica de visualización; pero eso no significa que sea solo para aquellos que "creen" en el proceso. Tu mente tiene una forma muy específica de decodificar los mensajes que recibe, por lo que subconscientemente enruta la información de una visualización sin la interferencia de tu mente consciente. La única forma de no creer que te impedirá trabajar es evitando que tú lo hagas. El proceso funciona, siempre y cuando sigas el proceso.

Una de las razones principales por las que la visualización es importante; es el impacto positivo que puede tener en tu autoestima. Puedes cambiar tu hábito de hablar; a través de la visualización, puedes cambiar cómo reaccionas ante los demás a través de la visualización; e incluso, cambiar cómo te ves a tí mismo a través de la visualización. Piensa que es como ver una película de fantasía que tiene lugar en un futuro cercano y tú eres el director. Puedes elegir los actores, la historia y la conclusión.

Antes de continuar con el uso de la visualización para lograr todos tus objetivos; asegúrate de dedicar tiempo a apoyar tu autoestima primero. Debes poder sentirte seguro, fuerte e independiente antes de poder abordar algunos de los mejores deseos de tu vida. Para hacer esto; necesitas estar operando con un alto nivel de autoestima. Llega primero y luego prepárate para enfrentar las otras grandes cosas.

Diferentes métodos de visualización para alcanzar tus metas.

Hay algunos métodos de visualización diferentes; que puedes emplear para lograr tus objetivos en la vida, sin importar cuáles sean. Prueba cada método y elije uno o la combinación de ellos, para adaptarse a tus necesidades y personalidad.

A continuación se muestran tres visualizaciones diferentes que puedes usar para ayudarte a llegar a donde quieres ir. Nuevamente; considera usarlos por separado o juntos, para lograr lo que deseas.

Visualización utilizada diariamente. Este proceso está activo. Haces esta visualización una y otra vez. Crea una imágen que puedas recordar cada vez que subas un tramo de escaleras o manejes en tu automóvil. Utiliza esta visualización para objetivos a corto plazo; que puedes alcanzar rápidamente. De esta manera; siempre estás repitiendo algo nuevo cada pocos días, semanas o meses. Estas metas pueden convertirse en algo más grande; pero te permiten celebrar la victoria cuando las veas cumplidas.

Visualización a largo plazo. Las metas grandes son más difíciles de imaginar claramente. Tal vez ocurran lejos, en el futuro; o todas las piezas aún no están juntas, por lo que el camino es borroso. Estos desafíos pueden hacer que el objetivo se sienta aún más lejos. Con este método; necesitas convertirte en un poco creativo y en un gran soñador. Sigue pensando e imaginando lograr el gran objetivo, y tu cerebro apoyará la realidad de que esto suceda. Esto te hace más cómodo alcanzarlo y lograrlo.

Visualiza constantemente. Date la herramienta; y luego el permiso para comenzar cualquier objetivo con visualización. Y luego sumergirte en una y otra vez. Esta es una habilidad entrenada que acumularás con el tiempo, pero una herramienta poderosa para tener en todo momento. Normalmente; tu entrenamiento comienza cuando eres un niño y estás imaginando y jugando. A veces;

las visualizaciones diarias o a largo plazo, se convierten en constantes, o usted desarrollará una visualización constante separada de las otras dos. Usalo para protegerte contra la negatividad que puede aparecer a lo largo de tu vida diaria y, a medida que se vuelva más fuerte; verás que se recupera más rápido cuando encuentras tu camino.

Nuevamente; puedes usar cualquiera de estos tres, para ayudarte a alcanzar tus metas, o puedes usarlos juntos. Cada método requiere práctica para ser bueno en eso, así que tómate el tiempo para perfeccionar tus habilidades de visualización y jugar con el método que prefieras, cómo encajará en tus hábitos diarios y qué te ayudará a mantenerte enfocado y alcanzar tus metas. Cada vez que repites lo visual, más definidas se vuelven las neuropatías en tu cerebro. Cuanto más fuerte sea el camino, más realista se vuelve para tu mente. Y cuando tu mente cree en lo que estás diciendo; tienes confianza en tu capacidad para hacer que suceda. Todo esto; te prepara para disfrutar del éxito por el que has trabajado tan duro y; por supuesto, abrazando la autoestima y la confianza en tí mismo, que has desarrollado a lo largo del camino.

Capítulo 3.2: Percepción si a la realidad como proyección es a la visión.

La neurociencia detrás de tus pensamientos y acciones.

La neurociencia se ha estudiado desde los inicios de la historia. Existe evidencia de esto en Egipto, a través del siglo 18, y que todavía está vivo hoy. Los conceptos fundamentales de la neurociencia no siempre fueron precisos, pero comenzaron una inspección de la función del cerebro que aún hoy exploramos. Ahora la neurociencia es un estudio académico separado de otras ciencias debido a lo diferente que es.

Gran parte de la investigación científica inicial; se realizó en pacientes con epilepsia para comprender el papel del cerebro en la función del cuerpo. Más tarde; Carl Wernicke estudió el cerebro y la comprensión del lenguaje. Muchos neurocientíficos de hoy; todavía reconocen a Stephen Kuffler, Francis O. Schmitt y David Rioch como los fundadores de la neurociencia. Kuffler abrió el primer departamento de neurociencia en 1966 en la Escuela de Medicina de Harvard. Schmitt reunió matemáticas, física, química y biología en su programa de investigación de neurociencia en el Instituto de Tecnología de Massachusetts en la década de 1950. Finalmente, Rioch también construyó sobre la base de la neurociencia con su trabajo en psicología clínica en la década de 1950 en el Instituto de Investigación Walter Reed Army.

Junto con el estudio científico y académico de la neurociencia; existe la práctica y la investigación sobre la atención plena. La atención plena también ha existido durante miles de años y ha sido utilizada por millones de personas hasta hoy. La atención plena comenzó en la religión budista, pero ahora se ha extendido a todo tipo de personas y culturas. Parte de esta permeación se atribuye al beneficio obvio y científico que la atención plena ha demostrado, que tiene un impacto positivo en la vida de las personas. Algunos creen que la práctica de la atención plena no ha sido tan aceptada debido a su vínculo con una religión, y esto puede ser cierto. La gente es escéptica de lo desconocido; sin embargo, cuando ve la atención plena separada del budismo hoy; puede encontrar docenas de publicaciones científicas que demuestran el poder de un pensamiento más profundo y un enfoque en el momento presente.

Vincular el acto de atención plena con el estudio de la neurociencia; por lo tanto, puede ser útil para demostrar a los escépticos y a aquellos que desean una base más secular la evidencia que necesitan para abrazar tal práctica. Norman Farb; junto con varios otros científicos, publicó en 2007 un poderoso estudio titulado "La meditación de la atención plena revela distintos modos neuronales de auto-referencia". Este estudio proporciona un excelente vínculo primario entre la práctica de la atención plena y la neurociencia. Los resultados mostraron que las personas interactúan con el mundo de dos maneras; por "defecto" o "experiencia directa". "Predeterminado"; es confiar en sus hábitos y experiencias pasadas para guiar sus acciones; mientras que "experiencia directa" se refiere a una respuesta más consciente a las situaciones actuales.

Otro estudio realizado por Kirk Brown respaldó los hallazgos de Farb al identificar una fuerte correlación entre una persona consciente o alguien que interactúa con la "experiencia directa" y su conciencia de su cuerpo interno. Tenían control sobre su cuerpo mental y sus acciones; más que los participantes "predeterminados".

Una de las cosas sorprendentes de la práctica de la atención plena es que cualquiera puede hacerlo y puede convertirse en un hábito que impacta directamente en su salud. Y cuanto más lo practiques, más fácil será hacerlo. El proceso de atención plena tampoco es desafiante y se puede realizar en cualquier momento. Además; tu cerebro está diseñado para cambiar y aprender. Esto hace que la práctica de la atención plena y el reemplazo de los pensamientos y emociones negativas con pensamientos positivos sean más naturales para la función cerebral. Cuando haces de la atención plena un hábito en tu cerebro y te concentras en el cambio; tus neuronas experimentan cambios moleculares y neuroquímicos. Las neuronas son responsables de comunicarse con otras neuronas para controlar todos tus pensamientos y acciones. Básicamente; son las que "controlan" tu vida. Cuando estás atento, tomas el control de estos pequeños impulsos eléctricos, en lugar de dejarlo en su propio funcionamiento.

Cuando abandones las neuronas para regular tus acciones, perpetuará lo que has hecho antes. Se repetirá lo que has "trabajado" en el pasado. Esto significa que los pensamientos que tuvistes antes, serán repetidos, positivos o negativos; y esos pensamientos resultarán en acciones que son impulsadas por tus emociones. Por ejemplo: Una relación es una acción emocional que tomas con otra persona. Si tienes patrones de pensamientos negativos en torno a las relaciones, continuará actuando en conexiones que son negativas para tí. Por otro lado; si tienes pensamientos positivos sobre las relaciones; atraerás relaciones más sanas hacia tí.

Sosteniendo un espejo visualizandote a ti mismo.

Al reflexionar sobre tu vida y situación, ¿estás identificando áreas de tu pasado que están afectando negativamente tu presente? ¿Encuentras una voz interior negativa que critica tus acciones y pensamientos? ¿Deseas ciertas relaciones pero tienes miedo de conectarte con alguien de una manera significativa? ¿Sueñas con convertirte en empresario; pero parece que no puedes superar los primeros pasos?

Estas revelaciones resaltan las fuerzas en tí; que son destructivas para tu crecimiento. Pero con suerte, a estas alturas, te das cuenta de que estos son rasgos comunes y no eres el único que te haces esto a tí mismo. Afortunadamente; hay muchas acciones que puedes tomar para comenzar a reescribir tu cableado interno para respaldar tu autoestima y confianza en tí mismo; para que finalmente puedas alcanzar tus sueños.

Una de las técnicas adicionales que puedes usar para tener un impacto positivo en tu vida; es acerca de tener un espejo metafórico en tus imágenes mentales. Esta es una técnica popularizada por Joe Vitale; pero es un método utilizado por muchos para ayudar a las personas a superar sus creencias que ya no les sirven de manera saludable y abrazar sus vidas saludables. Esta técnica puede ayudarte en todas las áreas de tu vida; desde tu carrera, hasta tu vida amorosa e incluso la salud mental. Y como las otras técnicas; visualización y atención plena; por ejemplo, esta técnica también es simple.

De hecho, Crew Pearson recordó que Winston Churchill usó este método antes de cada discurso que pronunció. Desarrollarías tu discurso, te pararías frente a un espejo y practicarías tu discurso mientras te miras en el espejo. Pearson dice que Woodrow Wilson hizo lo mismo. Este proceso ayudó a estas figuras históricas a crear una imágen de lo que iban a decir, exactamente cómo querían entregarlo. El truco consiste en colocarse frente a un espejo lo suficientemente grande como para reflejar tu cabeza y tu torso, y luego fijarte en tus propios ojos. Cuando estés listo; declara en voz alta lo que quieres ser, lo que necesitas hacer, o lo que deseas. Este es el momento de darte la agitada charla que necesitas para motivarte.Tu autoridad, influencia y voz; son todo lo que necesitas para volver a conectar tu cerebro al éxito.

Cuando muchas personas comienzan esta técnica; se estremecen y evitan el proceso. Puedes sentirte "tonto"; pero muchas personas exitosas emplean este método, vale la pena darse el tiempo para superar la incómoda sensación de algo nuevo y usarlo para aumentar tu confianza y visualización de una manera más sensorial. Esto es especialmente útil si tienes problemas para visualizar con todos los sentidos en tu mente. Usando la técnica del espejo; ahora puedes tener tu voz, imágen y emoción creadas externamente; que podrías recordar internamente, cuando la necesites.

La técnica del espejo.

La única herramienta que necesitas para este proceso; aparte de tí, es un espejo lo suficientemente grande. Necesitas estar en un lugar tranquilo y silencioso para mirar este espejo, y debes pararte directamente enfrente y lo suficientemente cerca para poder ver tu reflejo con claridad. Comienza mirando directamente a tus ojos. Mientras mantienes contacto visual contigo mismo, piensa en lo que te hace valioso e interesante. Enfócate en los aspectos positivos de quién eres. Este es un buen momento para leer tus notas en tu diario; acerca de los rasgos únicos que posees, y que conforman partes importantes de tu personalidad o de tí mismo. Disfruta la sensación de confianza en tí mismo; y el amor propio, mientras reflexionas sobre estos pensamientos.

Una vez que hayas establecido esta conexión con tu autoestima; puede comenzar repitiendo en voz alta tus metas o deseos. Tal vez quieras continuar trabajando en tu autoestima y decir algo como: "En el nivel más profundo; me acepto, me entiendo y me amo". O tal vez quieras obtener un ascenso en el trabajo y decir: "Tengo confianza, soy experto y me merezco esta oportunidad que tengo ante mí". Si deseas una relación sana e íntima, considera decir algo como: "Soy digno de amor porque soy amor. Soy único, especial y vale la pena ser amado incondicionalmente; porque me amo, me acepto y me comprendo ".

Determina lo que te dirás a tí mismo cada día frente al espejo, y luego comprométete a hacerlo al menos una vez al día durante una semana. Después de la primera semana; reflexionas, sobre cómo fue tu semana. ¿Estás más cerca de tus metas? ¿Sientes alguna mejora en tu situación gracias a tu técnica de espejo? Si necesitas ajustar tu estado de cuenta para que seas más específico o positivo, realiza los ajustes y concédete otra semana. Si estás funcionando como estás, ¡no te detengas! Hazlo otra semana y luego reflexiona de nuevo. Continúa haciendo esto hasta que hayas alcanzado tu meta.

Por qué funciona esta técnica.

La información está cableada o cableada en tu cerebro. La información de conexión por cable; es la forma en que tu cerebro interpreta el mundo que lo rodea personalmente. Es tu percepción de tu vida. Se comunica con tu subconsciente en relación con tu deseo de prosperar y sobrevivir. Esta información es tanto no verbal como verbal. Se trata de cómo interpretas y sientes acerca de tu conversación interna, tus creencias y cualquier cosa que involucre tus sentidos. Estas respuestas son ajustables y se pueden reemplazar, eliminar o cambiar.

La información cableada es cómo funciona tu mente y tu cuerpo. Es estrictamente no verbal. Tu subconsciente sabe cómo operar tu cuerpo; No necesitas decirle cómo respirar o hacer circular tu sangre. Además de tu capacidad para controlar tu cuerpo sin tu conocimiento, también ofrece la motivación para tomar ciertas acciones. Tienes dos funciones principales: Sobrevivir o proteger, y prosperar o aprender. Para sobrevivir necesitas comer, beber y respirar. Para prosperar necesitas relacionarte y conectarte. También necesitas encontrar un propósito en la vida, incluyendo comprender tus propias habilidades. Esta información es lo que te muestra dónde estás y dónde quieres estar.

El desafío que puedes estar considerando ahora es ¿qué tiene realmente el control, tu mente subconsciente o consciente? Tu subconsciente te guía, te protege y te enseña. Satisface tus necesidades y deseos, intenta apoyarte y ayuda a gestionar tus acciones. Por estas razones, es el líder de tu cuerpo. Tu subconsciente sabe qué hacer sin que tengas que pensar en ello, y sabe que lo que haces es para tu mejor interés personal. De vez en cuando; sin embargo, cambia el liderazgo a tu mente consciente. Por lo general, hace esto cuando no cree que pueda manejar lo que temes. Sus creencias y pensamientos son lo que le dice a su subconsciente que no puede manejarlo. Pero el problema con su conducción consciente es que el resto de las funciones corporales no funcionan bien; porque nadie les está diciendo cómo funcionar. Piensa en la última vez que te sentistes muy ansioso. ¿Notastes que tenías problemas para prestar atención a los detalles, problemas para retener información o problemas con su digestión? Esto se debe a que toda tu energía se gasta en la ansiedad y tu mente consciente está dedicada a manejar la situación. Afortunadamente, cuando tu mente consciente está conduciendo, puedes cambiar el guión que te estás diciendo a ti mismo. Y haz que tu mente y tu cuerpo trabajen juntos de nuevo.

Capítulo 3.3: Prácticas diarias para el éxito a largo plazo.

La razón por la que necesita celebrar sus ganancias diarias y; a veces, las perdidas por hora.

Richmond, Canadá; ha hecho la noticia de un experimento bastante radical, "entradas positivas". En lugar de buscar boletos para los ciudadanos que están haciendo algo mal, estos oficiales reconocieron a las personas por hacer cosas que van más allá, como recoger basura o tomar decisiones seguras. Y en lugar de imponer multas; estos oficiales dieron recompensas, como entradas de cine o comida gratis. El objetivo era detener el comportamiento ilegal antes de que fuera un problema, ya que era más ventajoso hacer algo bueno que malo.

El experimento fue más que una gran estratagema de prensa, trabajó para reducir las tasas de delincuencia, especialmente los reincidentes. Antes del experimento, más del 60 por ciento de los delincuentes repetían una ofensa. Después; el número se redujo a 5%. Además; antes del experimento, el crimen causado por la juventud estaba en aumento, y después de que la tasa de delincuencia juvenil se desplomara en más del 50%, también. En el transcurso de ocho años, incluso las muertes causadas por la aceleración fueron eliminadas.

Este no es un enfoque natural de los comportamientos buenos y malos. Normalmente castigarte por las malas decisiones es fácil. Pero recompensarte a tí mismo es difícil e inusual. Cuando haces algo malo, incluso si es pequeño; probablemente te sientas mal. Pero cuando haces algo bueno o tienes éxito, probablemente no te sientas bien. Estamos programados para castigar de forma rápida pero lenta a la recompensa, especialmente cuando se trata de tí mismo. El problema con esto es que reduce tu motivación, erosiona tu autoconfianza y autoestima, y dificulta tu progreso hacia tus metas.

Las victorias pequeñas son tan importantes para celebrar como las grandes

¿Cuál es una forma sencilla de mejorar tu motivación? Celebra tus pequeños triunfos que logres cada día. Teresa Amabile, de la Escuela de Negocios de Harvard, pudo demostrar cuán poderoso es este comportamiento para mantenerse motivado y lograr los grandes objetivos. Una forma fácil de celebrar estas victorias es rastrear tu progreso y anotarlo. Cuando haces esto; aumentas tu confianza en tí mismo.

La razón por la que las pequeñas ganancias son igual de importantes; si no más, para tu motivación y éxito en general, es que cuando reconoces los pequeños logros, activas la parte del cerebro que libera los químicos que le dicen "¡buen trabajo!" y hacerte sentir orgullo por tus acciones. No importa si el logro es pequeño en comparación con otras aspiraciones, tu cerebro envía las mismas señales. Y parte de las señales es liberar la dopamina; el químico "sentirse bien". Además de hacerte sentir feliz y orgulloso; también te motiva a seguir adelante con las acciones que liberan este químico. Este químico es lo que hace que las personas sean adictas a las acciones dañinas, como el alcohol o la nicotina, pero también las acciones positivas, como el progreso.

La habilidad de aprovechar pequeños triunfos.

Puedes sentirte tonto al celebrar pequeñas ganancias porque no requerían mucho esfuerzo o planificación. Puedes sentir que no vale la pena celebrarlo porque no son "grandes". Pero es por esto que necesitas cambiar su percepción de lo que estás celebrando. No solo estás celebrando el logro de algo, como completar un entrenamiento o meditar hoy; en cambio, estás celebrando esta acción porque es evidencia de los cambios de hábito que estás creando. Estás celebrando el paso hacia el futuro que imaginas. Estás celebrando las buenas elecciones que has hecho. Estás celebrando tu contribución a tu adicción al progreso y al crecimiento.

Para ayudarte a celebrar tus pequeñas ganancias; considera invertir en un rastreador de hábitos, especialmente en uno electrónico que no solo puede rastrear; sino también reforzar tus hábitos diarios positivos. Si no puedes hacer algo sofisticado; como coach.me, considera llevar un diario de tus hábitos y acciones diarias. Luego; al final de cada semana, tómate un tiempo para revisar lo que hiciste que te acercó a tus metas más grandes. Resalta, subraya o marca los logros alcanzados durante la semana y date permiso para celebrar. ¡Lo estás haciendo!

Al igual que los oficiales de policía en Canadá, emitir las "multas positivas", notifíquese y obtenga una recompensa por tomar buenas decisiones que lo hagan más feliz, más saludable y más exitoso.

Consejos sobre cómo eliminar el diálogo interno negativo y convertirlo en mensajes positivos.

Los pensamientos negativos son como una película antigua; que se reproducen en un bucle, una y otra vez. Pero cuanto más juegas, menos positividad te permite permanecer en la historia; y, en cambio, más pensamientos negativos se infiltran en la película. Te vuelves cada vez más negativo y dramático, y toda esperanza de positividad y desarrollo constructivo se ha ido. Ahora es solo una visión torturadora y fea que solo te ofrece dolor.

Pero; por otro lado, si permites que una pequeña semilla de positividad permanezca y crezca, podrás verla florecer, como una mancha de tinta, sobre la película de tu drama negativo.

A veces es difícil reconocer un pensamiento negativo que se ha infiltrado en tu mente. Y a veces es difícil volver a centrarte en lo positivo. Pero cambiar tu conversación interna negativa en mensajes positivos; es esencial para tu bienestar y es igualmente importante para evitar aventurarse por un camino innecesariamente doloroso. A continuación; hay diez maneras en que puedes superar la negatividad mental y enfocarse en mensajes positivos:

1. Hacer yoga o meditar.

Cuando te sientas negativo; levántate y practica yoga. Usa la atención plena y la actividad física para alejarte de tus pensamientos en espiral y llevarte a tu respiración. Elige una clase que pueda ayudarte a relajarte y liberarte. Si no puedes asistir a una clase de yoga, intenta practicarla en casa o haz una meditación en casa. Usa este tiempo para mantenerte presente, no preocuparte por el futuro. Céntrate en el ahora; y evita que la ansiedad te saque lo mejor de tí.

2. Mírate en el espejo y sonríe.

Se ha comprobado que la sonrisa mejora tu estado de ánimo y alivia el estrés. Y también puede hacer maravillas por tu autoestima. Combina esto con lo visual de tí mismo;

haciéndolo en el espejo, y puedes fortalecer los mensajes al cerebro. Además; la cantidad de músculos necesarios para sonreír es mucho menor que la que se requiere para fruncir el ceño, por lo que también estás conservando la energía que antes te estaba desperdiciando en la negatividad.

3. Busca a las personas positivas en tu vida.

Cuando te quedas atrapado en un ciclo negativo y necesitas un impulso; necesitas encontrar a alguien que no solo te haga sentir mejor; sino, que también te dé consejos constructivos. Estas personas no te permitirán permanecer en tus pensamientos negativos; sino que te ayudarán a ver realmente lo que está sucediendo y tu camino hacia tus metas. Pasa tiempo con estas personas para que puedas romper tu negatividad y reescribir tu diálogo interno para brindar apoyo.

4. Replantea tus pensamientos de positivo a negativo.

Los pensamientos pueden tener el mismo mensaje pero se pueden transmitir de dos maneras diferentes. Probablemente puedas pensar en un momento en que alguien te dijo algo y tu pensastes: "Wow. Tengo lo que quieren, pero que podrían haber salido de ella de una manera diferente ".En lugar de decirte a tí mismo: "Esto va a ser una transición imposible y no tengo idea de cómo va a funcionar", dí algo como "Este es un gran desafío". No puedo esperar a ver cómo resolvemos, cómo lograr este objetivo ".

5. Posee tu vida; eres un héroe, no una víctima.

Siempre hay una opción. No estás atrapado en tu vida. Puedes elegir cómo responder y actuar según las influencias de la vida en cualquier momento. Esto significa que no eres una víctima porque te permites estar en el escenario. Tú eres el héroe; ya sea que elijas o no.

6. Ayudar.

Cuando estás en un patrón de pensamientos negativos; estás pensando en tí mismo. En su lugar; quita tu enfoque de tí mismo y enfócalo en otra persona. Haz algo bueno por ellos. Dona algo, da tu tiempo a los demás. Piensa en alguien más y en lo que puedes hacer para ayudarlos, harás maravillas para romper tu negatividad.

7. Recuerda que la perfección es una mentira y que tú eres humano.

Recuerda; la negatividad es fácil y tóxica. Puedes caer rápidamente en esta trampa si no estás atento todo el tiempo. Pero nadie está atento todo el tiempo; porque todos somos humanos, y esto significa que nadie es perfecto y la negatividad no puede arrastrarse en nadie. En lugar de golpearte por un error o revolcarte en una emoción negativa, recuérdate que nadie es perfecto. Es hora de aprender de tus errores y seguir adelante. Recuerda, no deseas esta negatividad, por lo que necesitas aprender cómo superarla rápidamente y avanzar.

8. Encender música y cantar.

No necesitas ir a un club de karaoke y cantar frente a la gente, y no necesitas conocer todas las palabras de la canción que estás cantando; sino, simplemente soltar y cantar las canciones. Cantar tiene una forma de reducir el estrés y expresar tus sentimientos para que puedas liberarlos más fácilmente.

9. Escribe algunas cosas por las que estás agradecido.

Piensa en todas las cosas buenas que tienes. Estos pueden ser cualquier cosa. Date un mínimo de cinco puntos para enumerar tu gratitud. Y al igual que celebrar tus pequeñas ganancias; puedes estar agradecido por tus alegrías "pequeñas"; aunque realmente no hay nada que sea "pequeño" si es beneficioso y positivo para tí.

10. Leer positividad

Toma un bloc de notas de post-it y escribe citas positivas en varios de ellos. Pégalos por todas partes donde puedas leerlos a menudo. Pega uno en tu espejo, refrigerador, tablero de instrumentos, computadora, etc. Estos son pequeños recordatorios para permanecer positivos.

Continúa agregando a tus post-its o cambialos como sea necesario para mantener los mensajes actualizados y útiles.

Reto de afirmaciones positivas (una forma de integrar afirmaciones positivas en su vida diaria).

Hay muchas ventajas en abrazar afirmaciones positivas en tu vida; y eliminar el diálogo interno negativo de tu mente. Pero comenzar e integrar estas prácticas puede ser desalentador y desafiante. Por eso; este desafío está aquí para tí. Es una forma de "arrancar la curita" y comenzar a cambiar tu vida, una afirmación a la vez. Y no temas; no tardarás mucho tiempo! Es solo un desafío de una semana para cambiar tu vida para mejor.

Antes de comenzar este desafío, asegúrate de que realmente deseas superarte, que quieres mejorar tus circunstancias y crecer. Si esto es lo que quieres, entonces prepárate para comenzar a continuación:

Día 1: Escribe las afirmaciones en post-its. Ponlos donde los veas cada mañana y noche.

Considera escribir uno o todos los siguientes:

- Mis metas y sueños son apoyados por mis amigos y familiares.
- Estoy guiado por mi intuición.
- Mis talentos son únicos y útiles.

- Tengo creatividad ilimitada y nuevas ideas constantemente.
- La forma en que estoy ahora es aceptable.
- No importa la situación; puedo manejarlo y me siento bien conmigo mismo.
- Espero nuevas oportunidades y disfruto de la emoción de la vida.
- Mi vida es sustento y amado mi vida.
- Mi vida apoya mi uso de mis habilidades.
- Hay alegría en mi carrera y en mi vida; y estoy motivado a crecer.
- Tengo buenas relaciones que son saludables para mí.
- Estoy agradecido por mi vida, mis situaciones y la oportunidad de cambiar cuando sea el momento.
- Yo como alimentos saludables para mantener mi cuerpo sano.
- El equilibrio en el trabajo y la vida es importante para mí.
- El ejercicio es parte de mi vida porque apoyo mi cuerpo y mi salud.
- Estoy agradecido por mi salud y cuerpo.

Día 2: Dedica unos minutos a repetir las declaraciones que escribistes cada mañana y cada noche. Considera dedicar cinco minutos; al levantarte y antes de acostarte, para decirlos en voz alta. Si puedes hacerlo frente a un espejo; es aún mejor.

Día 3: Diario de tu semana. Toma una hoja de papel o un cuaderno y escribe sobre lo que hicistes esta semana. Recuerda cualquier pequeña victoria o momento positivo. Haz una lista de los desafíos que encontrastes y lo que aprendistes de ellos. Y; por último, revisa tus publicaciones y ajusta tu mensaje. ¿Necesitas ser más específico o llenar un espacio que note? Realiza ajustes y redistribuye tus mensajes para la próxima semana. Mientras que el desafío está completo, tu nuevo hábito no lo es! ¡Abraza esta nueva dirección y sigue adelante!

Capítulo 3.4: Consejos para alcanzar su éxito.

Cómo hacer de esto un hábito.

Aristóteles probablemente lo dijo mejor; "Somos lo que hacemos repetidamente. La excelencia; entonces, no es un acto sino un hábito." De hecho; casi el 40% de lo que haces a diario es un hábito, no una decisión que tomastes para tomar esa acción.

Los hábitos son importantes para tu actividad diaria. Son la razón por la que no necesitas pensar en las cosas que haces a menudo. Por ejemplo: Cómo sostener un tenedor y usarlo para comer es un hábito. Ya no necesitas expulsar energía o esfuerzo para pensar en la horquilla y cómo funciona. Los hábitos reducen la energía necesaria para completar las acciones que se repiten con frecuencia.

Esta es una buena noticia para los hábitos positivos; pero perjudicial si constantemente estás haciendo algo negativo. Si tienes el hábito de comer sano o hacer ejercicio, estás haciendo algo positivo por tí mismo. Si tienes el hábito de comer papas fritas y mirar televisión después del trabajo en lugar de hacer ejercicio, estás haciendo algo que es dañino para tí. Esto se debe a que tu cerebro no sabe la diferencia entre desarrollar un hábito bueno o malo.

Hay otra trampa para los "malos" hábitos; te beneficias de ellos de alguna manera. Por ejemplo: Cuando inicias sesión en las redes sociales, te sientes conectado y actualizado con actualizaciones importantes de tus amigos y familiares. ¡Esto no es malo! Pero si continúas revisándolo a lo largo del día para no "perderse" nada y eso reduce tu productividad; ahora es malo. Esto también dificulta la eliminación de un mal hábito, tu percibes un beneficio y disfruta sde la sensación que te produce. Esta es la razón por la cual "cortarlo en frío" o "simplemente parar" no funciona para la mayoría de las personas.

Por eso no debes eliminar un hábito; sino transformarlo o reemplazarlo por algo que sea bueno para tí. Deseas eliminar los desencadenantes del viejo hábito mientras desarrollas desencadenantes para el nuevo. Por ejemplo: Si deseas reducir el consumo de refrescos, no los tenga en la casa. Si pasas demasiado tiempo en las redes sociales; retira las aplicaciones de tu teléfono y elimina la información de inicio de sesión guardada de su computadora, por lo que se requiere más esfuerzo para iniciar sesión. Hacer que sea más difícil mantener el mal hábito; hace que sea más fácil comenzar a reemplazarlo o transformarlo.

Para respaldar tus nuevos "desencadenantes" que deseas desarrollar para los buenos hábitos; encuentra personas que ya estén en el lugar donde desean estar. Encuentra a las personas que traen su almuerzo al trabajo o que van al gimnasio antes de que comience el día para ellos. Puedes hablar con ellos acerca de por qué y cómo hicieron que su hábito se mantuviera, o pasar tiempo con ellos para conocer sus factores desencadenantes de sus hábitos saludables. No es necesario que reemplaces a tus amigos con estas nuevas conexiones; pero es útil tener una red a la que ir, y que puedas respaldar lo que deseas lograr.

Debes comprometerte con el nuevo hábito que deseas formar. La investigación más antigua llegó a la conclusión de que puedes crear un nuevo hábito o cambiar uno viejo en tan sólo 21 días. Nueva investigación; sin embargo, demuestra que en realidad llevas más tiempo. Puedes desarrollar un hábito temporal en 21 días; pero para hacerlo durar debes dedicarle al menos 66 días. Esta es la razón por la que desarrollar un entorno a tu alrededor; que respalde el nuevo hábito que deseas y haga que el más viejo sea más difícil de perpetuar, es un buen método para el éxito.

Y desarrollar un nuevo hábito también significa que refinas el proceso a medida que avanzas. Por ejemplo: si deseas dejar de llevar tu teléfono a la cama por la noche para reducir los mensajes negativos que recibes cuando intentas relajarte, y minimizar los efectos nocivos que la tecnología puede tener en tu calidad de sueño; puedes comenzar simplemente diciendo: Voy a dejar el teléfono en la cocina con el cargador por la noche. Pero cuando llega la noche de la primera noche, te das cuenta de que lo necesitas por su reloj despertador y tienes que abrirla para no llegar tarde al día siguiente. Ahora; tienes que encontrar un método alternativo para despertarte al día siguiente y refinar tus acciones para alcanzar tu meta. Pero el segundo día; te das cuenta de que el cargador en la cocina solo funciona cuando las luces están encendidas y decides llevar el cargador a tu habitación para que tu teléfono no se apague por la mañana. Al día siguiente; necesitas descubrir otros enchufes eléctricos en la casa, que no requieran encender las luces para recibir electricidad y volver a definir tus acciones para alcanzar tu objetivo. Esto puede seguir y seguir requiriendo; que tu refines y reinicies constantemente, lo que significa que debes continuar comprometiéndote con tus elecciones.

A continuación, encontrarás algunos consejos sobre cómo puedes cambiar los hábitos negativos y crear hábitos positivos en tu vida; pero recuerda, que lo más importante que puedes hacer es comprometerte y darle tiempo. ¡66 días para ser exactos!

Consejos para acciones de formación de hábito.

Piensa en pequeño; sobre todo para empezar. No establezcas la meta de ejercitarte todos los días cuando no hayas estado físicamente activo durante años. Eso no es realista y te preparas para el fracaso. Ese puede ser tu objetivo a largo plazo, pero necesitas comenzar más pequeño. Elije algo que sea tan pequeño que realmente no te darás cuenta de que lo estás haciendo. Por ejemplo: Elije estacionar una fila más lejos de lo normal en el trabajo. Ahora tienes que caminar un poco más para llegar a la oficina. O camina hasta el segundo piso usando las escaleras; y luego sube en el ascensor el resto del camino. Elije comer una pieza de fruta o verdura con el almuerzo; sin reemplazar nada más que normalmente comerías o pedirías. No deseas enfrentar una revisión importante para tener éxito; en su lugar, elije algo que puedas desarrollar y que no requiera mucho esfuerzo.

Aliste a un amigo. Encuentra a alguien que también quiera hacer un cambio saludable y hábito de hacerlo contigo. Esto te ayuda a ser responsable de tus metas y tienes a alguien con quien celebrar cuando tiene logros pequeños o grandes. Además; esta persona confiará en tí; al igual que tu confiarás en él. Saber que alguien cuenta contigo para estar ahí; para ellos es uno de los mejores motivadores que puedes tener. Por ejemplo: Encuentra a alguien que vaya de paseo contigo, a la hora del almuerzo o se reúna contigo en la tienda de comestibles para comprar comestibles juntos.

Conozca su rutina regular y luego la diseccione. Elige algo que haces a menudo y haz un seguimiento durante siete días. Define qué es lo que haces y con qué frecuencia lo haces. Ve si hay un lugar común en el que aparezca este hábito; o una persona común que involucre. Trata de averiguar por qué se activa. Cuando conoces a tu oponente; puedes derrotarlo. Tómate el tiempo para comprender las facetas de por qué haces lo que haces; para que puedas comenzar a modificarlo, para que estés más saludable.

Piensa en los contratiempos y planea los errores. A medida que trabajes hacia tu hábito nuevo o cambiado; tendrás obstáculos, momentos de debilidad o cometerás errores. Es normal; especialmente cuando pasas más de dos meses intentando hacer algo que no es insustancial para tí. Cuando reconoces º a cometer errores; es parte de ser, de un ser humano, y que son más prospensos a reveses; debido a lo sorprendente que estás tratando de lograr, de lo que puedes ser amable contigo mismo cuando se produce inevitablemente. Cuando ocurran los errores o contratiempos, simplemente reconoce qué es; y dí que está bien, y que es hora de "volver a subir al caballo". Te has caído; pero ahora necesitas levantarte e intentarlo de nuevo. Tienes más de 60 días para hacer el cambio por una razón; No puedes esperar tener un hábito nuevo sólido y fácil durante la noche. Permítete, ser humano, cometer errores y volver a ponerte en marcha en una dirección sana y positiva que has establecido para tí.

Otro desafío positivo de afirmación; amor propio y confianza en sí mismo (una forma de integrar las enseñanzas en un plan viable y realista)

Este desafío abarcará el curso de dos semanas y está diseñado para brindarte acciones diarias que te guiarán hacia un mayor sentido del amor propio, la confianza en tí mismo y la autoestima. Utiliza diversas técnicas descritas en el libro; que incluyen afirmaciones positivas, para ayudarte en tu camino hacia una vida más saludable y feliz.

Día 1: Presta atención a ti.

A medida que avanzas a lo largo del día, observa cómo te tratas a tí mismo y a los demás a tu alrededor. ¿Eres más duro contigo mismo que nadie? ¿Perdonas a los demás más fácilmente que tú mismo? ¿Te ofendes cuando alguien es lastimado por otra persona; pero sientes que tus palabras hirientes son evaluaciones honestas de quién eres? ¿Continúas en una relación poco saludable debido al miedo pero animas a otros a encontrar a alguien que sea bueno para ellos? ¿Dejas que la gente te pise pero defiendes a tus amigos y familiares cuando ves que se lo hacen a ellos?

Pasa el día observando cómo tratas a los demás en lugar de tí mismo; y te sorprenderás de que te hayas aprovechado de tí mismo.

Día 2: Dí a tí mismo que te amas.

Anda a pararte frente a tu espejo y dí: "Te amo. Te mostraré mi amor; más, comenzaré a mostrar mi amor por tí; comenzando ahora mismo ".

Incluso si te sientes tonto o no te sientes así, dilo de todos modos. Mírate a los ojos cuando lo digas. Repítelo a lo largo del día; siempre que puedas o cada vez que pases por un espejo. El simple hecho de decir esto; comenzará a desviar tus vías neuronales para apoyar tu visión amorosa y tu respeto por tí mismo.

Día 3: Sé cariñoso en tu comunicación; tanto con los demás como contigo mismo.

Si alguien dice algo hoy; que normalmente te lastimaría; infórmate que deseas que se guarden de esos comentarios, y dí que tú eres una persona única y especial, que te aceptas y te amas a tí mismo; tal como eres. Si surge una situación negativa; hazles saber a las personas que te rodean, que no quieres experimentar la negatividad; y dí a tí mismo, que puedes elegir cómo ves la situación, y elegir usar esto; como una oportunidad de aprendizaje. Cuanto más hables y vuelvas a escribir el guión, menos personas harán comentarios negativos o permitirán que surja la negatividad en una situación.

Día 4: Cuando recibas un cumplido, dí gracias.

La sociedad y la modestia; nos enseñan a una edad temprana a autoapreciarnos. Cuando alguien te hace un cumplido; debes decir: "No es gran cosa" o "no fue tan difícil como parece". En lugar de "borrar" los cumplidos de hoy, diga "gracias" y nada más. Cuenta esto como una pequeña victoria; y siéntete orgulloso de lo que hicistes. Además; cuando alguien te da las gracias, responde con "eres bienvenido".

Día 5: Regálate una marca especial.

Hoy es el día para demostrarte que te amas y aprecias. En lugar de buscar la alternativa fuera de marca, toma el nombre de la marca que es unos pocos dólares más. Tal vez esto significa que tu tomas una Coca-Cola en lugar de una marca de la tienda, u obtienes un café Starbucks de la tienda en lugar de hacer una alternativa en casa. Hoy es el día para derrochar un poco de tí mismo y no sentirte mal por ello. Te mereces un pequeño capricho!

Día 6: Dale un nombre a tu yo interno.

Hoy es el día que nombras quién eres realmente. Esta es la persona con la que eres mejor amigo. Y cuando lo nombras, considéralo como un amigo, cuando tomes decisiones.

¿Estás en tu mejor interés? Si cometes un error, asegura a este amigo que es natural y que puedes aprender de él para la próxima vez. Trátate como si fueras un amigo y no permitas que el diálogo interno negativo se infiltre en tu mente.

Día 7: Escribe cómo quieres que te vean.

No te concentres en escribir todas las cosas que quieres cambiar. Esto es negativo. Alternativamente, escribe todas las cosas que deseas que la gente vea sobre tí que ya tienes. Determina cuáles son tus mejores cualidades y cómo dan forma a tu imágen.

Día 8: Di "Me quiero".

Vuelve al espejo y repítete que te amas. Házlo todo a lo largo del día; cada vez que pases por un espejo o el estado de ánimo llegue. Puedes sentirte divertido, pero es poderoso.

Día 9: Ir a la floristería.

¡Otro gran día! Hoy; cómprate unas flores. No necesitan ser flores cortadas o flores reales. Pueden ser flores de imitación o una planta con flores, pero debes darte el regalo de flores románticas.

Día 10: Establecer un día "yo".

Planifica un día en el futuro cercano donde todo se trata de tí. Tal vez; estés sentado en el porche tomando una taza de café antes de leer un libro y salir a caminar. Tal vez; sea arreglarte el pelo o ir a pescar. Tal vez; necesitas salir en el bote o ir de compras. Lo que sea que te haga feliz y sea todo acerca de tí, planea hacerlo el día que elijas. Piensa en todas las cosas que puedes y quiere hacer; y establece un plan para que esto suceda.

Día 11: Envíate una carta de amor.

Saca un trozo de papel y un bolígrafo. Escribe todas las cosas que amas de tí mismo. Tal vez escribes un poema que te recuerda lo increíble que eres. Escribe citas y mensajes positivos, dóblalos, colócalos en un sobre dirigido y envíalos por correo. También puedes hacerlo a través del correo electrónico, pero un mensaje de correo electrónico escrito a mano; es nostálgico y significativo.

Día 12: Cede a la espontaneidad.

Encuentra maneras de ser espontáneo hoy. ¡Trata de decir "Sí" a las cosas que surgen y solo ve lo que sucede!

Día 13: Recuérdate que eres un héroe, no una víctima.

A lo largo del día, actúa como un héroe de tu historia. Toma decisiones que crees que haría un héroe. No permitas que alguien o algo te haga sentir como la víctima de la historia. Toca la parte y sentirás la parte.

Día 14: Dar un abrazo.

Este abrazo no es para otra persona; es para tí. Cuando lo necesites hoy, envuélvete los brazos y apriétalos. Dí a tí mismo que todo está bien, y frota tus brazos. Cierra los ojos y siente el calor de tu propio abrazo.

Conclusión

Gracias por llegar al final del Creador del libro de autoestima: Superar las dudas y preocupaciones al mejorar la autoestima, el amor propio, la autocompasión y la conciencia plena. Libera tu potencial oculto y avanza tus limitaciones de confianza (para niños, mujeres y hombres). Esperemos que haya sido informativo y que pueda proporcionarte todas las herramientas que necesitas para lograr tus objetivos, sean cuales sean.

El siguiente paso en tu viaje personal; es comenzar uno de los desafíos descritos en los últimos capítulos de la Parte Tres. Tal vez comiences con las afirmaciones positivas, el desafío de una semana para comenzar, y luego pases; al desafío de dos semanas. Parte de estos desafíos es comenzar a crear nuevos hábitos positivos y mejorar la autoestima. Después de completar los desafíos, es hora de hacer el compromiso contigo mismo de que deseas aumentar tu confianza en tí mismo. Determina dónde deseas comenzar y escribe todas las cosas por las que estás agradecido y que amas de tí mismo y de tu vida.

Sigue esta sesión de escritura con un recordatorio de que eres humano y como humano; eres especial, único y prospenso a cometer errores. La forma en que fuiste creado no es replicable por los humanos hoy en día; pero de alguna manera sucedió que te trajo aquí. El hecho de que incluso hayas nacido; te hace algo especial. Y a medida que has desarrollado y crecido, tus habilidades únicas continúan haciéndote especial; ya sea que creas eso ahora; o apenas estés comenzando el viaje para descubrirlo. Pero el otro lado del ser humano es que no eres perfecto. Así como todo en la naturaleza; no hay nada que sea perfecto. Errores, interacciones extrañas y contratiempos; ocurren todo el tiempo, y tú no eres diferente. Esto significa que cuando haces algo "mal" no eres "malo", ¡solo eres humano!

Finalmente; si encuentras que este libro es útil de alguna manera; ¡siempre se agradece una revisión en Amazon!